Meine Overlock

Das Handbuch von A bis Z

Mit praktischer Anleitung, Expertentipps und Lexikon

OVERLOCK

GRITZNER

Hallo und herzlich Willkommen,

ich bins, deine Overlock.

In diesem Büchlein wirst du Schritt für Schritt lernen, wie du noch

besser, präziser, sicherer und schöner mit mir nähen kannst.

Dazu haben wir eine Expertin befragt: Constanze Metzler.

Und wir haben gemeinsam mit unseren Models Alicia (35),

Leonardo (3), Elisa (8) und Annalena (12) Lieblingssachen genäht.

Wir alle hoffen, dass du viel Freude mit diesem Buch haben wirst!

INHALTSANGABE

darf ich vorstellen...

unsere expertin!

Constanze Metzler ist unsere Expertin, die für dich jede Menge gute Tipps gesammelt und die schönen Nähbeispiele entwickelt hat.

Die gebürtige Triererin näht schon, solange sie denken kann. Sie lernte unter anderem bei Schiesser und arbeitete später auch in der Bekleidungstechnik und Qualitätskontrolle für diverse Unternehmen wie Triumph und das auch auf internationaler Ebene. 2007 hat Constanze ihr eigenes Geschäft eröffnet und ihr Label FairEdelt gegründet. Für unser Buch und während des Shootings war sie unermüdlich im Einsatz, hatte alle Details im Blick und blieb dabei auch im größten Stress gelassen: ein Profi eben. Heute lebt sie mit ihrem Mann und ihren zwei Töchtern südlich von München.

unsere models...

Alicia (35) und Leonardo (3) haben uns als Models unterstützt. Eigentlich ist Alicia Informatikerin, Leonardos Mama und leidenschaftliche Hobby-Näherin. Für beide war es das erste Mal, dass sie für ein Buch posiert haben. Und auch Annalena (12) und Elisa (8) standen zum ersten Mal überhaupt vor einer professionellen Kamera. Wir finden, sie haben das großartig gemacht!

01

EINFÜHRUNG IN DIE BUNTE WELT DER OVERLOCK

DIE OVERLOCK STELLT SICH VOR

Mit einer Overlock-Maschine sparst du
dir vor allem eines: wertvolle Zeit.

Die Overlock ermöglicht dir das Zusammennähen und Versäubern von Stoffen in einem einzigen Arbeitsschritt. Und auch das Einnähen von Paspeln und Gummibändern ist mit dieser Maschine viel schneller erledigt.

Eine Overlock-Maschine arbeitet mit bis zu vier Garnen und erlaubt dir mit 2-, 3- und 4-Faden-Nähten zu arbeiten. Sie eignet sich auch sehr gut für alle elastischen Jerseystoffe. Hier bleiben die Nähte dehnbar, was gerade bei Kinderkleidung sehr wichtig ist.

Für dieses Buch nutzen wir die Overlock 788 und die Nähmaschine 6152 DFT, beide von Gritzner. Die Overlock 788 ist natürlich nur eine der vielen Maschinen, die du benutzen kannst. Hier hast du einen Überblick über die Funktionen dieses Modells. Wenn du nach weiteren Erklärungen suchst, dann schau doch mal in unser Lexikon, gleich nach den Näh-Beispielen.

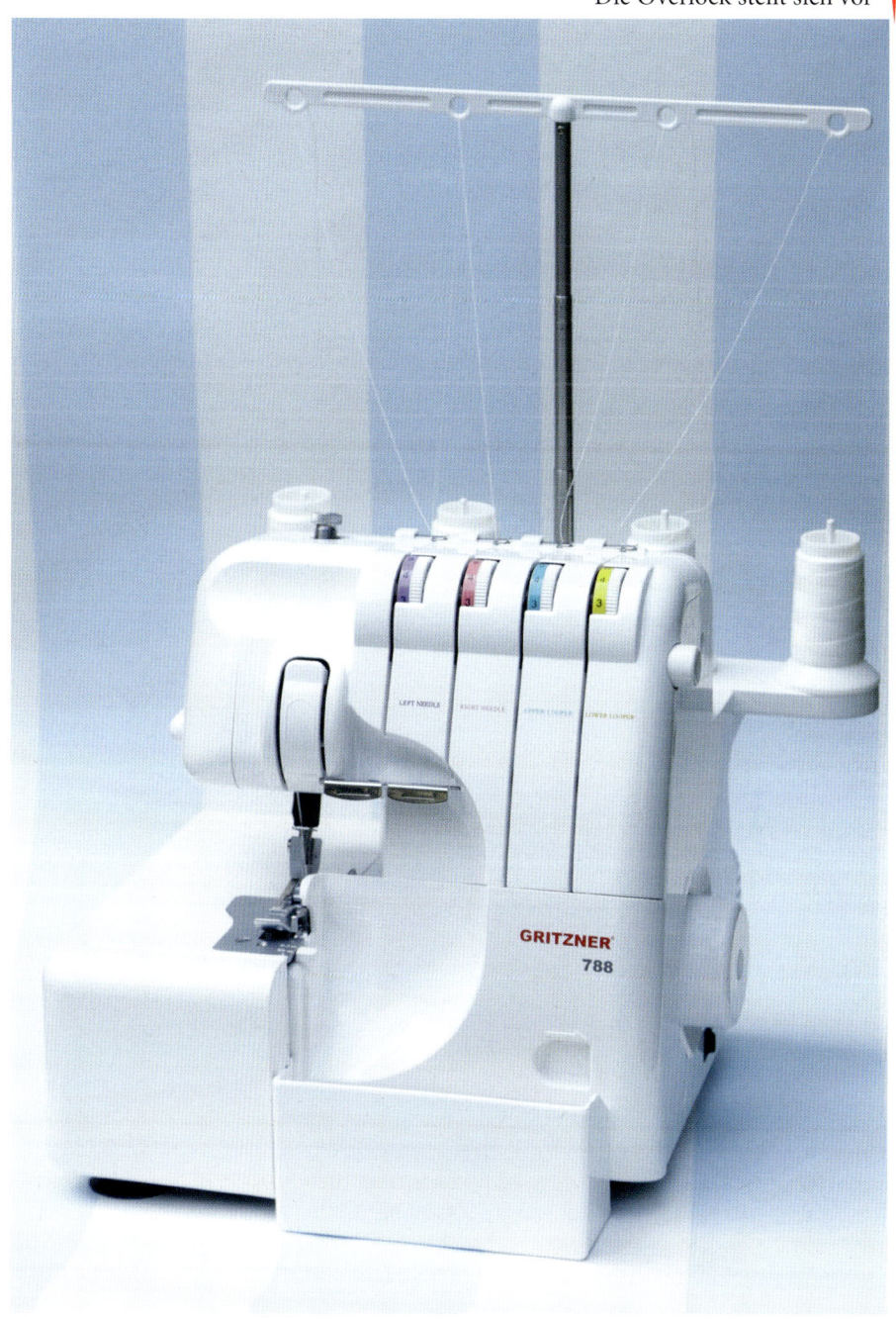

Gritzner Overlock 788

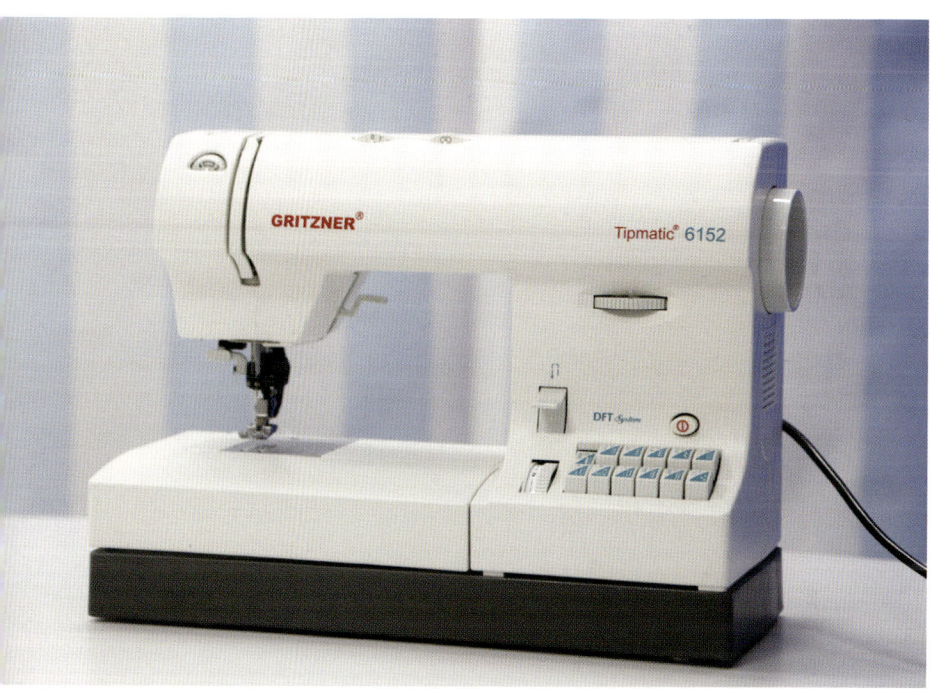

Gritzner 6152 DFT

Hier stellen wir dir die Overlock mit
ihren verschiedenen Einzelteilen vor.
Alles, was du nicht explizit in diesem
Kapitel beschrieben findest, kannst du
im Lexikon nachlesen.

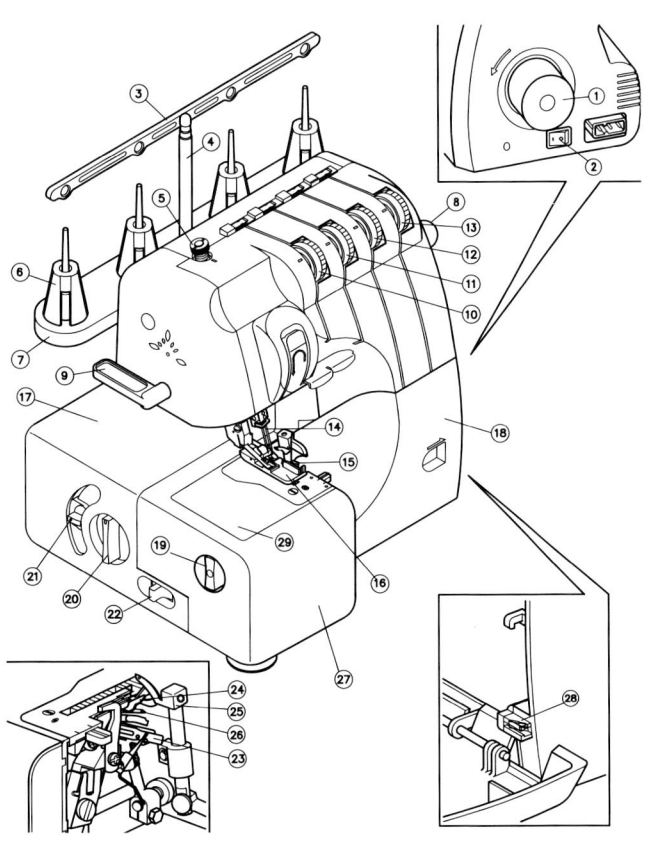

01. Handrad

02. Hauptschalter

03. Garnständer

04. Teleskopstange

05. Presserfußdruckregler

06. Fadenhalterung

07. Boden der Fadenhalterung

08. Spannungslüfter

09. Fußlüfter

10. Fadenspannung der linken Nadel

11. Fadenspannung der rechten Nadel

12. Fadenspannung des Obergreifers

13. Fadenspannung des Untergreifers

14. Nadeln

15. Obermesser

16. Presserfuß

17. Hinterer Nähbereich

18. Frontabdeckung

19. Stichbreitenregler

20. Stichlängenregler

21. Einstellung des Differentialtransports

22. Absenken/Anheben des Obermessers

23. Greifereinfädelhilfe

24. Finger

25. Obergreifer

26. Untergreifer

27. Freiarmabdeckung

28. Sicherheitsschalter der Frontabdeckung

29. Freiarm

FINGER

An der Stichplatte befindet sich der sogenannte Finger.
Ihn kann man mittels Schieber an der Stichplatte auch ausschalten. Wenn er ausgeschaltet ist, wird die Fadenkette um den Untergreifer enger umschlungen, was für
bestimmte Stiche erforderlich ist. Häufig wird der Finger beim Nähen mit Rollsaum
ausgeschaltet.

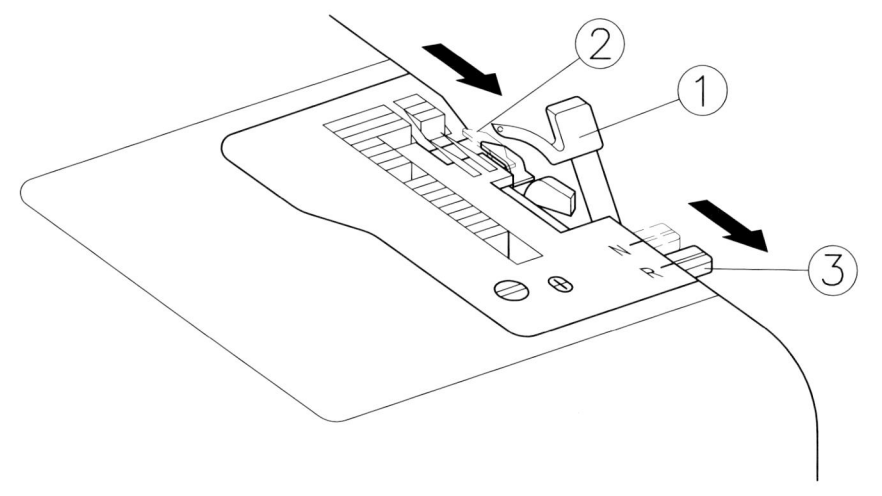

01. Obergreifer

02. Finger

03. Regler für den Finger

FREIARM

Den Freiarm kannst du herausziehen und dann schmale Öffnungen, wie zum
Beispiel Hosenbeine, nähen.

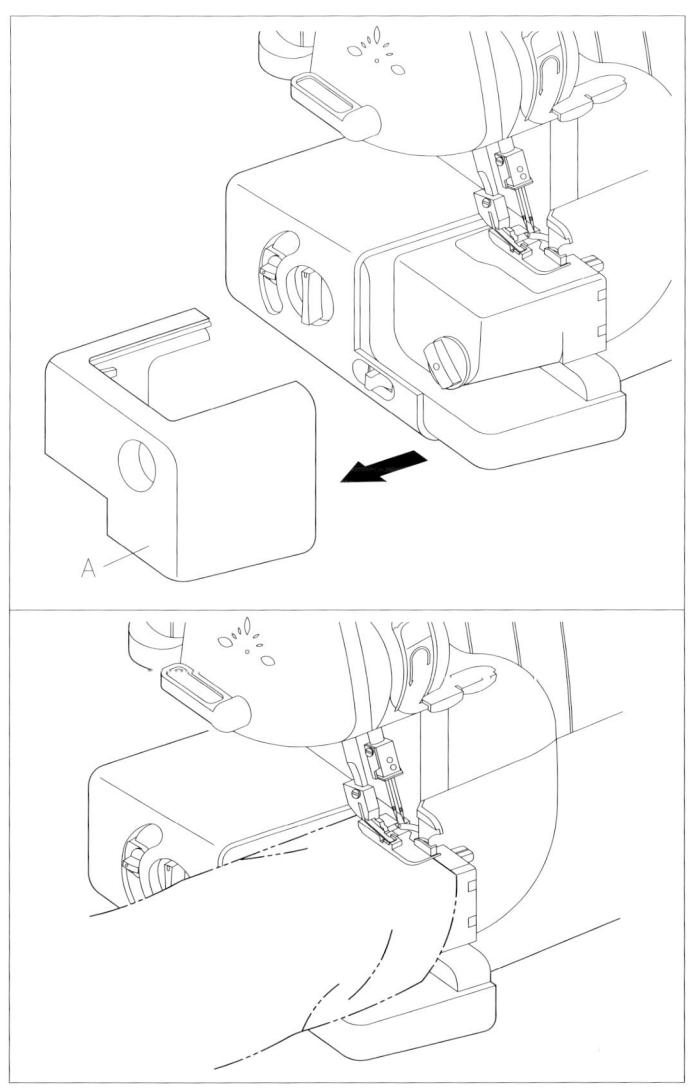

DIFFERENTIAL-TRANSPORT

Den Differentialtransport gibt es nur bei Overlock- und Coverlockmaschinen. Er schiebt den Stoff während des Nähens gleichmäßig voran.
Diese Funktion ist sehr praktisch für das Dehnen und Raffen von Stoffen. So erhältst du eine große Variation an Kräuseleffekten – je nach Stoffart. Mit dem Differentialtransport kannst du auch gut Strickstoffe vernähen.

ANLEITUNG

Unter dem Nähfuß befinden sich die Transporteure der Overlock-Maschine. Diese sind unabhängig voneinander einstellbar.

Drehe den Regler, wie in der Abbildung unten angezeigt, um die gewünschte Transportgeschwindigkeit des Stoffes einzustellen. Das Transportverhältnis variiert meist von 0.7 bis 1.0. Bei der Gritzner 788 liegt das normale Verhältnis bei 1.0.

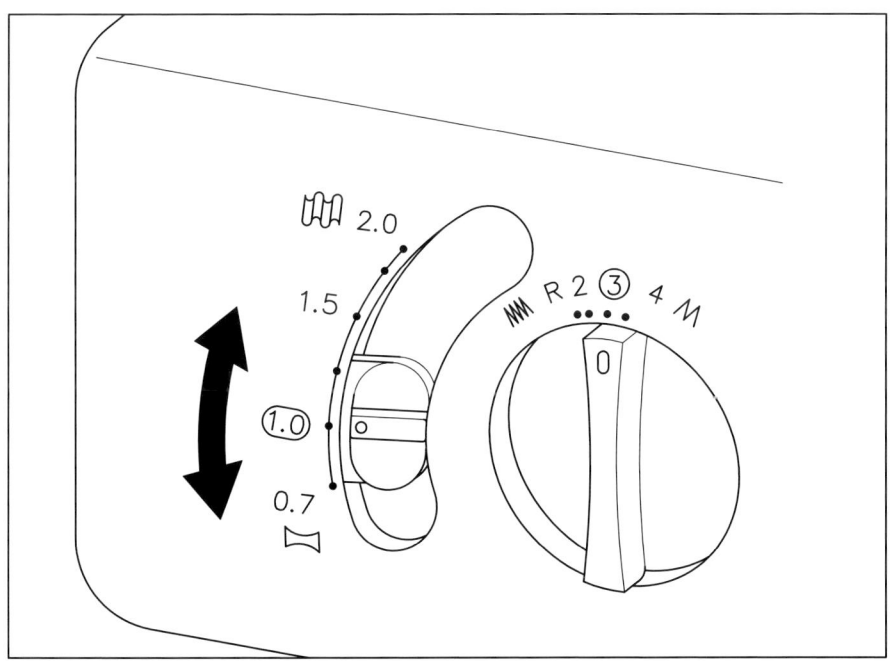

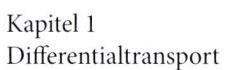

Beispieltabelle

VERHÄLTNIS	HINTERER TRANSPORT	VORDERER TRANSPORT	WIRKUNG	WIRKUNG AUF MATERIAL
0.7 ~ 1.0			Material wird in die Länge gezogen	Verhindert Nahtkräuseln
1.0			Kein Differenti-altransport	Normales Nähen
1.0 ~ 2.0			Material wird zusammenge-zogen	Sehr elas-tische und weiche Stoffe erzeugen kein Nahtkräuseln mehr

Wird Stretch-Stoff ohne Differentialtransport versäumt, so wird die Kante
wellig.

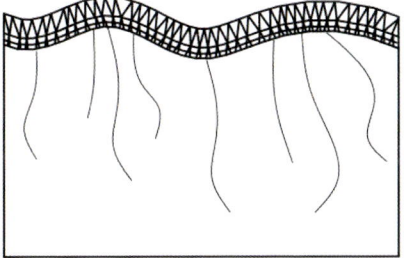

Um die Kante gleichmäßig zu nähen,
muss das Verhältnis von 1.0 hin zu 2.0
verändert werden. Dabei ist das Verhältnis von der Elastizität des Stoffes
abhängig.

Je elastischer und weicher der Stoff, desto
weiter muss das Verhältnis zu 2.0 verändert werden. Benutze einfach ein Stück
des Stoffs, um das perfekte Ergebnis zu
erzielen!

Expertentipp:
Bei einem runden Saum - der dann
umgebügelt werden muss – kann dir
das Differential auch sehr hilfreich sein:
Stelle es so ein, dass die Versäuberungs-
naht leicht eingekräuselt wird. Auf diese
Weise lässt sich der Saum viel leichter
umbügeln.

STICHBREITE UND STICHLÄNGE

STICHBREITE

Die Stichbreite bezeichnet den Abstand der Stoffkante und der äußersten, linken Nadel.

Zum Verstellen gibt es je nach Modell ein Rädchen, einen Hebel, einen Schalter oder eine Taste. Bei unserer Overlock 788 ist es ein Rädchen (Bild).

Damit kannst du die Stichbreite und die Schnittbreite verstellen. Die Schnittbreite meint den Abstand der Messer und der äußersten, rechten Nadel. Dadurch kannst du die Breite der Overlock-Naht verändern.

So stellst du die Stichbreite ein:

Drehe den Stichbreiten-Regler nach rechts, um die Stichbreite zu vergrößern (max. 7 mm) oder nach links um die Stichbreite zu verkleinern (max. 4,5 mm). Üblicherweise werden Stichbreiten von 5 mm gewählt. Hier bestehen zum Beispiel die Optionen: (A) Zwei-Nadel-Modelle, (B) Ein-Nadel-Modelle, (1) Finger für Stichbreite und (2) Einstellregler für Rollsaum.

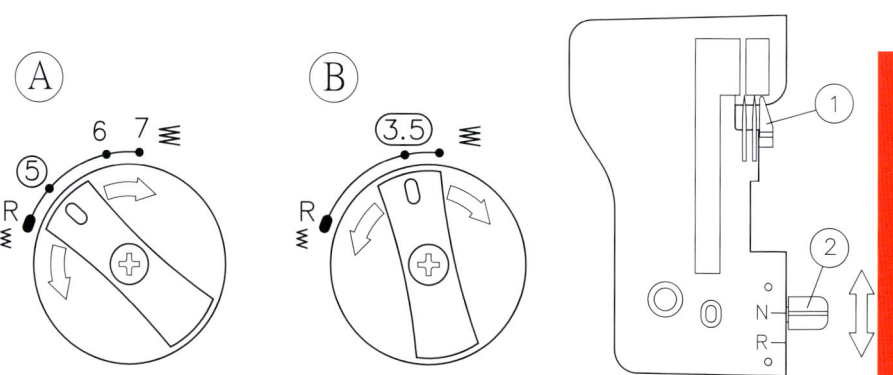

Stichbreitenregler

STICHLÄNGE

Mit Stichlänge ist der Abstand der einzelnen Einstiche im Stoff gemeint. Die Stichbreite kannst du an der Overlock-Maschine einstellen.

Durch das Verstellen ändert sich auch die Dichte der Naht. Für Zierstiche ist eine höhere Nahtdichte oft schöner. Aber auch bestimmte Stoffe wie Frottee brauchen eine kürzere Stichlänge. Der Flatlockstich und andere Stiche dagegen brauchen eine größere Stichlänge.

Die Stichlänge kannst du normalerweise auch mit einem Rädchen, Hebel, Schalter oder einer Taste regulieren. Bei unserer Overlock 788 ist es ein Rädchen (Bild).

SO STELLST DU DIE STICHLÄNGE EIN

Drehe in diesem Beispiel den Regler nach rechts um die Stichlänge zu vergrößern (max. 4 mm) und nach links um die Stichlänge zu verkleinern (max. 1,1 mm). Meistens werden Stichlängen zwischen 2,5 mm und 3 mm verwendet.

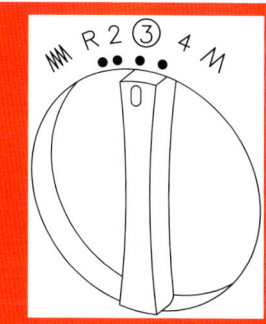

Stichlängenregler

ZUBEHÖR

Natürlich ist jedes Zubehör-Set anders. Hier siehst du das Standard-Zubehör einer Overlock-Maschine. Weitere Erklärungen dazu findest du auch im Lexikon.

Das Zubehör in der Übersicht

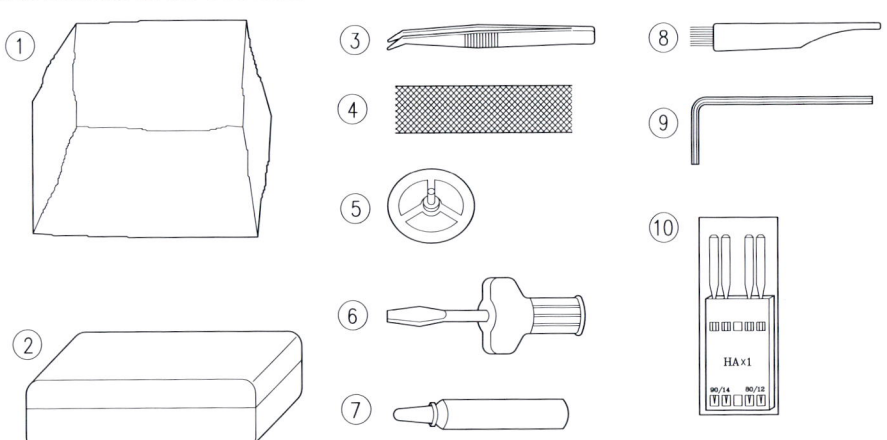

01. Abdeckhaube

Sie hilft dir, die Maschine von Staub frei zu halten, wenn sie eine Zeit lang unbenutzt steht.

02. Zubehörbox

Hier sind die Zubehörteile untergebracht. Am besten bewahrst du diese Box stets in der Nähe deiner Overlock auf.

03. Pinzette

Die Pinzette hilft dir, die Fäden durch die Führungen und den Greifer einzufädeln. Auch um die Nadelfäden durch die Nadeln zu bringen, benötigst du eine Pinzette.

04. Garnnetz zum Überstulpen

Wenn bei den großen Konen das Garn beim Nähen ‚runterfällt‘, dann ziehe diese Garnnetze über die Konen. So bleibt das Garn an seinem Platz.

05. Garnrollenstopper

Einen ähnlichen Effekt wie die Garnnetze haben diese Stopper. Im Unterschied dazu sind die Stopper für kleine Garnrollen gedacht. Benutze die Stopper, um das ‚Hochspringen‘ der Garnrolle zu verhindern.

06. Schraubendreher

Diesen kleinen Schraubenzieher brauchst du zum Beispiel für den Messertausch und den Nählampenwechsel.

07. Maschinenöl

Für einen ruhigen und geschmeidigen Lauf muss deine Overlock von Zeit zu Zeit geölt werden.

08. Pinsel

Der Pinsel reinigt die Maschine – innen wie außen - von Staubflusen und Fadenresten.
Ganz wichtig ist, regelmäßig nach jedem Nähen die Reste im Greiferraum zu entfernen.

09. Inbusschlüssel

Den Inbusschlüssel brauchst du beim Nadelwechsel.

10. Nadeln

Normalerweise enthält jede neue Overlock ein Standardset Nadeln.

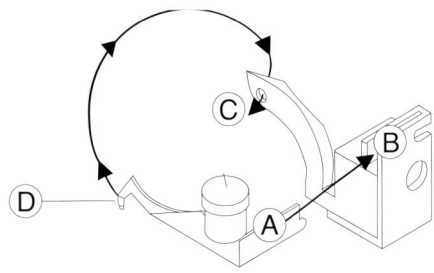

11. Konvertor

Der Konvertor oder auch Adapter ist normalerweise im Zubehörkästchen enthalten. Du brauchst ihn bei allen 2-Faden-Stichen. Bevor du den Konvertor einsetzt, schalte die Overlock unbedingt aus und trenne die Stromverbindung völlig. Er wird in den Obergreifcr eingefügt und schaltet diesen somit aus. Nachdem du die Frontklappe geöffnet hast, stelle die Nadel auf die höchste Position.

Führe den Konvertor in den dafür vorhergesehen Schlitz (B) ein und befestige das Ende (D) des Adapters an der runden Öffnung des Obergreifers (C).

NADELN

Lies bitte in der Bedienungsanleitung deiner Overlock-Maschine nach, ob du Universalnadeln oder spezielle Overlock-Nadeln (System ELx 705) benutzen sollst. Universalnadeln (System Hax) sind Nadeln für normale Nähmaschinen.

Expertentipp:
Wenn du bei der Benutzung von Universalnadeln trotzdem ein unschönes Nahtbild erhältst, versuche es mit den speziellen Overlocknadeln.

NADEL, STOFF UND GARN
Je nachdem, welchen Stoff und welche Nadel du wählst, musst du natürlich auch das entsprechende Garn verwenden. Die dünnsten Nadeln besitzen eine Stärke von 60 und die dicksten von 120. Als Anhaltspunkt kannst du für normale Stoffe eine Nadel mit der Stärke 90 nehmen und für leichte/dünne Stoffe die Nadelstärke 75.

Nadeln wechseln

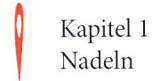
Bei manchen Overlock-Maschinen kannst du die normalen Nähmaschinen-Nadeln verwenden. Besonders bei Spezialnähgarn ist dies manchmal erforderlich.

Hier gibt es folgende Arten:

JERSEYNADELN
Diese Nadeln eignen sich für elastische Maschenware. Die Spitze ist abgerundet, sie schiebt die Maschen auseinander, anstatt sie zu durchstechen und so zu beschädigen.

STRETCHNADEL
Diese Nadeln unterscheiden sich von den Jerseynadeln in der Form ihrer Hohlkehle. Das Nadelöhr ist bei dieser Nadel breiter und sie ist dichter am Greifer. So soll verhindert werden, dass Fehlstiche entstehen.

JEANSNADELN
Diese Nadeln besitzen eine sehr scharfe Spitze und sind somit für feste, dicht gewebte Stoffe wie Jeans, Canvas und Köper geeignet.

TOPSTITCHNADELN
Diese Nadeln haben ein besonders großes Nadelöhr und sind für besonders dickes Garn geeignet. Damit kannst du Zierstiche an Jeans und anderen Materialien vornehmen.

STICKNADELN
Bei Stickgarn reduziert diese Nadel die Reibung und verhindert schnellen Verschleiß.

METALLICNADELN
Diese Nadeln sind auch für eine minimale Reibung geeignet. Ein Beispiel ist das Metallicgarn, welches nicht sehr reißfest ist.

MIKROTEXNADELN
Mikrotexnadeln sind für Mikrofaser und auch Seidenstoffe geeignet, da sie eine sehr dünne Spitze besitzen.

QUILTNADELN
Mit diesen dünnen, langen Nadeln kannst du durch mehrere Stepplagen nähen.

Expertentipp:
Wenn du eine Nadel entfernst, weil du sie nicht benötigst, dann schraube die kleine Befestigungsschraube gleich danach wieder fest. Durch die Bewegung und Erschütterung beim Nähen könnte sie sonst herausfallen.

NADELN WECHSELN

Nadeln ‚überleben' etwa sieben bis neun Stunden Nähzeit. Das heißt, du solltest sie regelmäßig wechseln. Verbogene oder gebrochene Nadeln beschädigen sonst sehr schnell deinen Nähstoff.

Bei den meisten Overlock-Maschinen verläuft das Wechseln der Nadeln so wie bei der Gritzner 788. Falls diese Beschreibung nicht deiner Overlock entspricht, dann schau bitte in der Anleitung deiner Maschine nach:

Bringe mit Hilfe des Handrades die Nadeln in die höchstmögliche Position. Löse die Nadel-Schraube mit dem Inbusschlüssel. Nimm die alte Nadel heraus und setze die neue ein. Dazu führst du die Nadel bis zum Anstoß ein. Ziehe die Schraube nun wieder fest.

Hier siehst du die Beispiel-Position für zwei Nadeln:

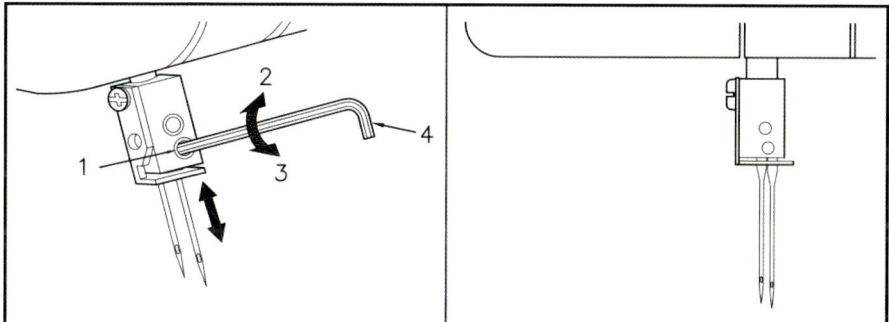

Diese Hilfsmittel kannst du zum Einsetzen der einzelnen Nadeln nutzen:

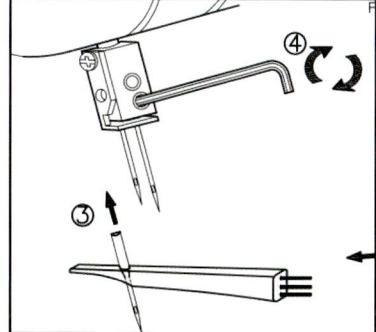
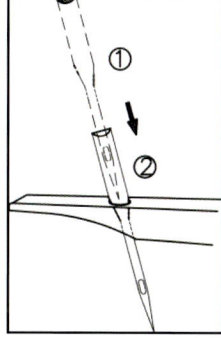

Flache Seite der Nadel zeigt nach hinten

DIE MESSER

Die Overlock-Maschine besitzt generell zwei Messer, die den überstehenden Stoff vor dem Nähen schneiden. So erhälst du am Ende eine formvollendete Naht. Es gibt ein oberes, bewegliches Messer und ein unteres, statisches.
Bei allen Flatlockstichen (Flachnähten) solltest du das Messer ausschalten.
Auch bei bestimmten Formen sind die Messer störend, weil sie den Stoff zu früh abschneiden. Wenn du zum Beispiel eine runde Form nähst, ist es ebenfalls besser, das Messer auszuschalten.

DAS EIN- UND AUSCHALTEN DER MESSER

Bei unserer Overlock 788 musst du den Schalter (1) rechts drücken, um die Messer zu aktivieren. Steht der Schalter links, so ist das Messer deaktiviert (2). Drehe dann am Handrad, damit das Messer in der gewünschten Funktion einrastet.

1)   2)

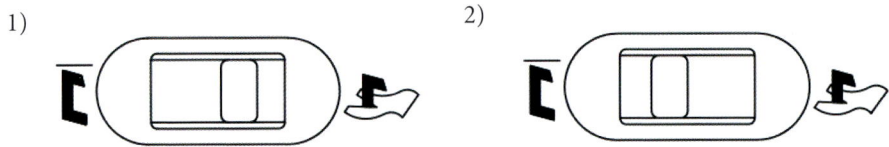

Du solltest die Einstellung der Messer nur dann verändern, wenn die Nadel auf ihrer niedrigsten Position steht. Dazu drehst du einfach am Handrad, um die Nadel einzustellen.

MESSERWECHSEL

Obermesser (3)

Um das alte Messer herauszunehmen, musst du die Schraube (1) lösen und das Messer oben herausziehen. Setze nun das neue Messer in die Halterung.
Drehe das Handrad, um das Messer herabzusenken. Prüfe dabei, ob das Obermesser vor dem Untermesser steht und stelle dann den Abstand zwischen 0,5 mm und 1,0 mm ein.
Ziehe jetzt die Schraube des Obermessers fest.

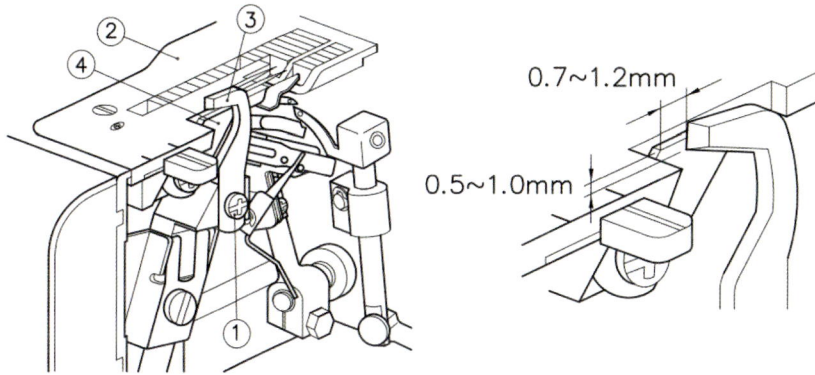

Untermesser (4)

Löse die Schraube des Untermessers, drücke es nach unten und heraus aus der Halterung. Setze jetzt das neue Messer ein, richte es entsprechend bündig zur Stichplatte (2) aus und ziehe die Feststellschraube fest.

Damit der Stoff gut geschnitten wird, ist es wichtig, die Messer nach dem Wechseln wieder richtig einzustellen.

GARNE

Grundsätzlich solltest du auf eine gute Qualität der Garne achten. Und gute Overlock-Garne haben ihren Preis. Wenn du billige Garne nimmst, dann können diese schnell reißen und das Nahtbild sieht ungleichmäßig aus. Das kostet dich im Nachhinein mehr Geld, Zeit und Nerven.

Bei dünnen Stoffen empfehlen sich auch dünnere Garne, denn so sieht die Naht einfach schöner aus. Je dicker das Garn ist, desto schwieriger ist es, eine gleichmäßige Naht zu erhalten. Generell sollte dickes Garn für Deko-Zwecke nur in die Greifer gefädelt werden.

Für die Overlock benötigst du Garne auf sogenannten Konen. Die schmale Garnspule reicht hier nicht aus, weil die Overlock sehr viel Faden verbraucht. Ausnahme: Der Nadelfaden benötigt deutlich weniger Garn, d.h. hier kannst du für kleinere Stücke auch eine normale Nähgarnspule verwenden.

Die kleineren Konen fassen 400 bis 1000 m Garn, die größeren sogar bis zu 5000 m. Die größten Konen fassen 10.000 m. Ideal sind zum Beispiel die Nähgarne von Ackermann.

POLYESTERGARN

Garn aus 100 % Polyester. Es ist das üblichste Garn für die Overlock. Die Stärke 120 ist ideal. Das Garn ist glatt, resistent und eignet sich für Greifer und Nadeln.

UNSICHTBARES NÄHGARN

Polyestergarn gibt es auch in Transparent. Gerade bei sehr feinen Stoffen wie Seide oder ganz feinem Jersey erzielt man damit einen tollen Effekt.

ELASTISCHES GARN

Bei Arbeiten mit dem Kräuselfuß ist dieses Garn die beste Variante. Es wird nur in den Greifer eingeführt. Danach musst du die Fadenspannung des Greifers regulieren.

STICKGARN

Hierbei handelt es sich um Garn aus 100 % Viskose oder Kunstseide. Es eignet sich gut als Greiferfaden für Rollsäume.

BAUSCHGARN

Dieses Garn ist ein sehr weiches Polyamidgarn, wird aber nur in den Greifer einge-fädelt - mit Ausnahme vom Superstretch-Stich. Es ist sehr gut für Unterwäsche und Kindersachen geeignet, da die Nähte weich sind und nicht kratzen.

WOLLGARN

Meist besteht es aus einer Mischung von ungefähr 50 % Wolle und 50 % Acryl. Dieses Garn ist ideal für schöne, großzügige Deko-Nähte und dicke Stoffe wie Fleece, Wolle und Frottee.

DER PHANTASIE FREIEN (FADEN-)LAUF LASSEN

Eine Overlock-Maschine bietet dir eine große Fülle an Möglichkeiten, um dich kre-ativ auszuprobieren. Du kannst zum Beispiel in den Greifer oder in die Nadel gleich mehrere dünne Garne in verschiedenen Farben einspannen. Besonders schön sehen Kontrastfarben zusammen aus.

Expertentipp:

Overlock-Garne sind leider sehr teuer. Deshalb hier ein guter Tipp zum Sparen. Wenn du einen Stoff in einer bestimmten Farbe hast, aber nicht alle Garne in dersel-ben Farbe kaufen willst, weil es dir einfach zu teuer ist, dann nimm nur die passende Farbe für den Nadelfaden. Als Ober-und Untergreiferfaden nutzt du jetzt einfach Garne in einer ähnlichen Farbe - je nachdem, was du noch zu Hause hast. So kannst du dir generell eine größere Auswahl an Farben kaufen und miteinander kombinie-ren, ohne für jedes Nähstück gleich Unmengen an Geld auszugeben.

EINE ÜBERSICHT ÜBER ELASTISCHE STOFFE
IDEAL FÜR DIE ARBEIT MIT DER OVERLOCK

BAUMWOLLJERSEY

Dieser Stoff wird häufig für Kinderkleidung oder T-Shirts verwendet. Es handelt sich um gestrickte Ware aus Naturfaser, die verschiedene Dehnbarkeits-Stufen haben kann. Es gibt reinen Baumwolljersey oder mit einem kleinen Anteil an Elasthan. Manchmal rollen sich die Kanten beim Jersey ein. Dem kannst du entgegenwirken, indem du die Kanten mit Klammern fixierst.

VISKOSEJERSEY

Die Grundware ist Viskose. Oftmals ist auch ein gewisser Anteil an Elasthan enthalten. 100 % Viskose bietet eine schöne, gestrickte, dehnbare Qualität und wird gerne für Sommerkleider verwendet. Es ist ein Naturprodukt, das aus Cellulose gewonnen wird.

WOLLJERSEY

Wolljersey eignet sich für Winterbekleidung, die auch elastisch sein soll. Grundmaterial ist ein Wollgarn, das maschinell verstrickt wurde.

SWEATSHIRTSTOFF

Dies ist eine etwas dickere Jerseyware, die auf der linken Seite auch „angeraut" sein kann. So ist die Sweatware besonders kuschelig.

BÜNDCHENWARE

Diese Strickware wird im Muster „1 rechts - 1 links" oder „2 rechts - 2 links" gestrickt, damit die Ware für elastische Bündchen schön dehnbar bleibt und nachgibt.

INTERLOCKJERSEY

Der Interlockjersey hat durch die Stricktechnik eine geschlossene Oberfläche. Die Ware ist also nicht gerippt, dichter als Feinripp, aber trotzdem dehnbar.

STOFFE MIT ELASTHAN

Diese Stoffe können gestrickte, aber auch gewebte Stoffe sein, die ca. 2 % Anteil an Elasthan haben. Für Bekleidung, die eng am Körper getragen werden soll, sind Stoffe mit Elasthan-Anteil am angenehmsten.

BADEANZUGSTOFFE

Diese Stoffe sind hochelastische Stretchware. Polyamid-Fasern mit Elasthan-Anteil - auch „Lycra" genannt – sind besonders für Badebekleidung geeignet. Um auch eine sehr elastische Naht zu erzielen, kann hier im Greifer ein elastisches Garn (Bauschgarn) verwendet werden.

STRICKSTOFFE

Diese Stoffe werden hauptsächlich in der Wintergarderobe eingesetzt. Sie haben mitunter auch eine „Handstrick-Optik".

Expertentipp:

Bitte wasche alle Stoffe, bevor du sie vernähen willst, denn die meisten Jerseystoffe laufen um 3 bis 5 % ein. Bitte beachte dazu die Herstellerangaben.

Natürlich können mit der Overlock auch gewebte Stoffe verarbeitet werden. Gerade bei leicht fransendem Stoff bietet dir eine Overlock-Maschine klare Vorteile zu einer herkömmlichen Nähmaschine.

NÄHHILFEN

Unter Nähhilfen versteht man alle
Materialien und Produkte, die dir das
Nähen erleichtern.

BÜGELVLIES

Es gibt eine große Auswahl an Bügelvlies, die du als Einlage nutzen kannst.
So kannst du Stoffe verstärken – während des Nähens macht das die Arbeit
einfacher und später bleiben die Stoffe so
besser und länger in Form.
Es gibt Bügelvlies als Band oder Meter-
ware.

BÜGELVLIES-BÄNDER

FORMBAND
Dieses Schrägband bügelst du vor dem
Nähen an der Stoffkante entlang auf. So
bleibt der Stoff an Hals- und Armaus-
schnitten sowie Schulternähten gleichmäßig glatt und dehnt sich nicht aus.

BUNDBAND
Dieses Band ist vor allem für das Fixieren jeglicher Bundarten ideal.

BÜGELVLIES-METERWARE
Es gibt Bügelvlies-Meterware in Stretch,
extraweich bis hin zu extraleicht und
fließend für die verschiedensten Stoffe.

SONSTIGE NÄHHILFEN

MASSBAND
Diese Nähhilfe ist sehr hilfreich, gerade
auch beim Nähen mit Jersey-Stoffen.
Damit kannst du die Maße im gedehnten
Zustand prüfen.

SCHABLONEN
Schablonen erlauben dir das präzisere
Markieren und Zuschneiden von Stoffen.

SCHEREN
Gute Scheren erleichtern dir das kor-
rekte Zuschneiden. Es ist hilfreich, für
verschiedene Zwecke unterschiedliche
Scheren da zu haben - wie z.B. eine
Papierschere und eine kleine Schere für
die Fäden.

STOFFKLAMMERN
Mit Stoffklammern kannst du den Stoff
gut fixieren, ohne ihn zu durchlöchern.

WASSERSTIFT
Mit diesem Stift kannst du deinen Stoff
markieren, ohne ihn zu beschädigen.

EINFÄDELN

Vor dem Nähen musst du die Garne einfädeln. Lies dazu im Benutzerhandbuch
deiner Maschine nach, denn die Reihenfolge variiert von Model zu Model.
Oft steht die Reihenfolge auch in Ziffern
auf der Maschine und ist durch farbige
Markierungen gekennzeichnet. In dem
Fall hat jeder Faden seine Farbe.
Für das Einfädeln muss die Fadenspannung gelockert werden und der Nähfuß
angehoben. Bei wieder abgesenktem
Nähfuß musst du einen Widerstand
beim Nadelfadenziehen spüren.
Der Faden muss mittig zwischen den
Reglern der Fadenspannung hindurch-
führen. Ist der Faden richtig eingeführt,
so entsteht automatisch eine Spannung
am Faden, wenn du den Nähfuß jetzt
absetzt. Drehe zur Probe am Handrad
und sieh, ob die Fäden sich zu einem
Overlock-Stich verbinden.
Halte dich am besten ganz genau an
die Anweisungen in der Bedienungsanleitung. Als Hilfe kannst du aus dem
Zubehör den Einfädler und die Pinzette
benutzen.

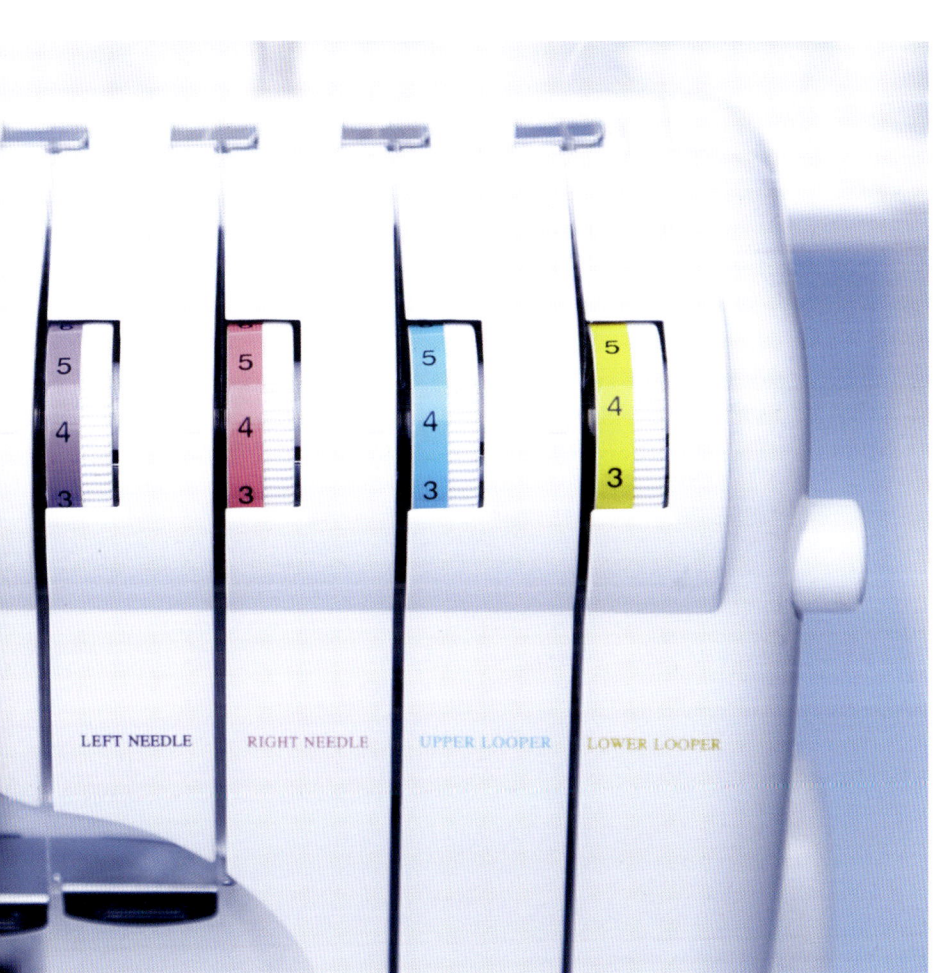

Expertentipp:

SCHNELLES, EINFACHES EINFÄDELN
Diese Methode funktioniert nur bei
Garnrollen, bei denen der Faden auch
schon richtig eingefädelt wurde. Schneide die Fäden der alten Farbe kurz über
der Garnrolle ab und tausche die alten
gegen die neuen Farbgarnrollen aus.
Dann knotest du die alten mit den neuen
Fäden zusammen. Jetzt überprüfe noch,
ob der Knoten der Belastung standhält.
Du fängst bei den Greiferfäden an und
ziehst jeden Faden extra durch. Jetzt
ziehst du die Fäden soweit durch, bis der
Knoten wieder oberhalb der Stichplatte
herauskommt. Zieh den Faden noch
ein Stück weiter raus und schneide den
Knoten dann ab.
Bei unserem Modell 788 gibt es einen
Spannungslüfter, der dir hilft, die Fäden
locker durchzuziehen.
Bei den Nadelfäden kannst du den Faden
nur bis vor die Nadel ziehen. Schneide
dann den Knoten ab und fädele anschließend normal ein. Beim ersten Nähen
solltest du die Fäden zusammenführen
und leicht nach hinten halten.

Expertentipp:

NAHT AUFTRENNEN
Schneide die obere Kante der Naht
mit einer scharfen Schere oberhalb der
Stoffkante weg. Mit einem Nahttrenner
kannst du jetzt den Nadelfaden lösen
und rausziehen und schon öffnet sich
die Naht. Jetzt nur noch alle Fadenreste
entfernen und fertig.

ÖFFNEN UND SCHLIESSEN DER FRONTABDECKUNG

Zum Einfädeln ist es normalerweise notwendig, die Frontabdeckung zu öffnen. Zu deiner Sicherheit ist die Stromzufuhr der Overlock-Maschine, während die Frontabdeckung geöffnet ist, gekappt. Bitte schließe die Abdeckung danach stets wieder sorgfältig.

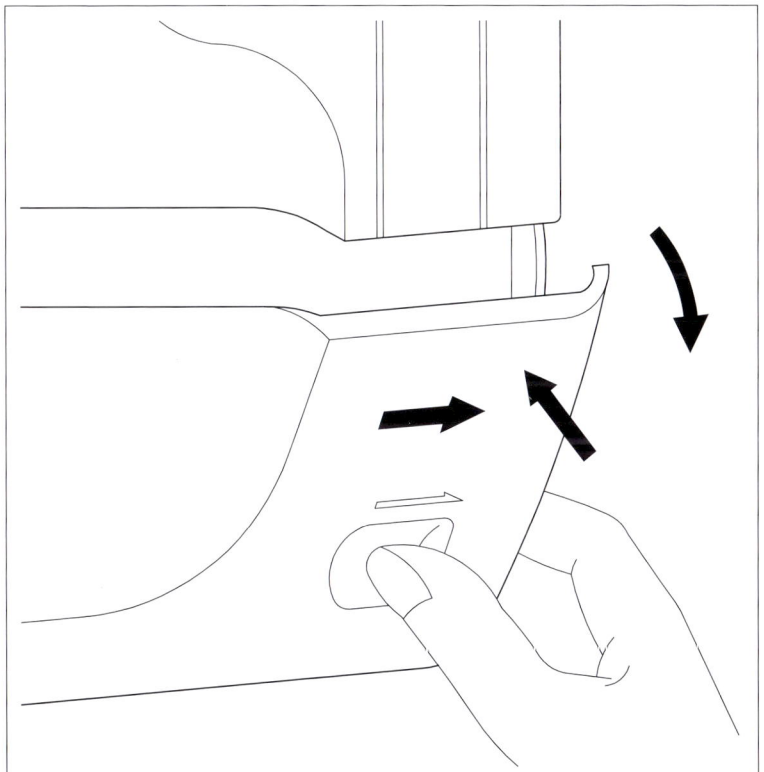

Expertentipp:

Das richtige Einfädeln ist sehr wichtig für das Gesamtergebnis. Nutze auch den Fadenspannungslüfter, um dir das Einfädeln zu erleichtern.

FADENSPANNUNG

Die Fadenspannung ist bei der Overlock
ein wichtiger Punkt. Immerhin gibt es
bis zu vier Fäden zu führen. Oft können
Probleme mit dem Garn im Zusammen-
hang mit der Fadenspannung stehen.
Auf dem Bild siehst du die Fadenfüh-
rung der Overlock 788 von Gritzner für
die linke Nadel (1), die rechte Nadel (2),
den Obergreifer (3) und den Untergreifer (4).

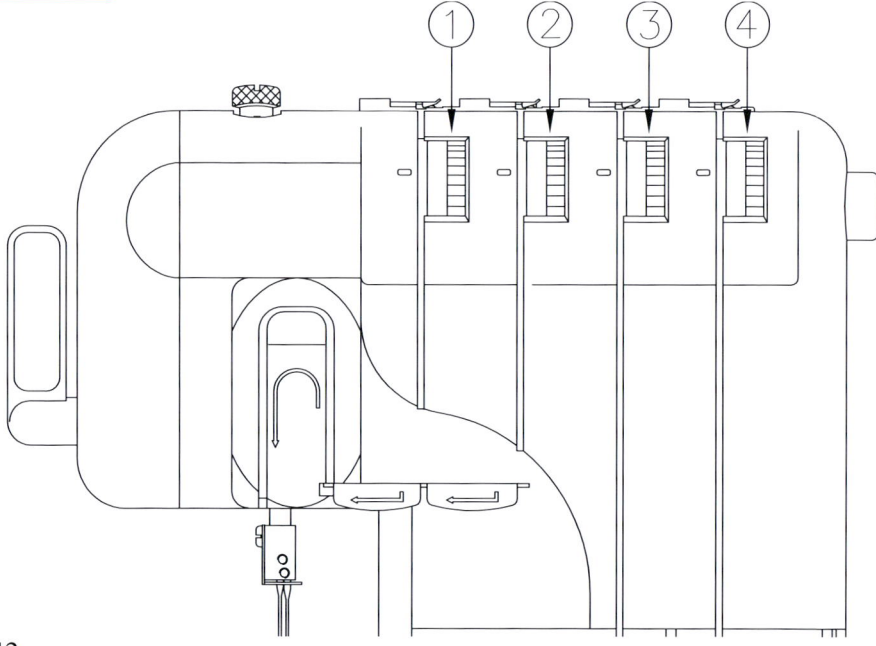

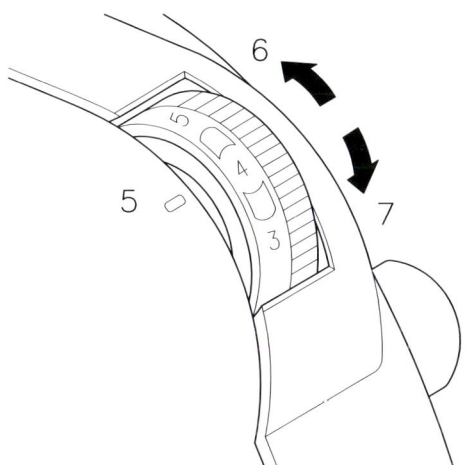

EINSTELLUNG DER FADENSPANNUNG

Bei den meisten Stoffen wirst du ein schönes Ergebnis mit Fadenspannung Stärke vier (Bild oben) erhalten. Sollte dennoch ein unschönes Nahtbild entstehen, so kannst du die Fadenspannung manuell regulieren. Mit (4) markiert, ist hier die Position der Fadenspannung. Wenn du den Regler nach oben drehst, so verringert sich die Fadenspannung, nach unten erhöht sie sich. Die Werte für eine hohe Fadenspannung betragen sechs bis acht, für eine mittlere drei bis fünf und für eine niedrige zwei bis vier. Je nach Materialbeschaffenheit und Materialdicke muss die Fadenspannung individuell eingestellt werden.

FADENSPANNUNG UND GARNE

Wenn dir ein relativ gutes Garn immer wieder reißt, dann stimmt die Fadenspannung noch nicht oder es ist nicht richtig eingefädelt.
Gerade wenn deine Maschine ganz neu ist, dann lies sorgfältig die Bedienungsanleitung und probiere aus, bis du die ideale Fadenspannung herausgefunden hast.

PFLEGE UND WARTUNG

Je besser und gründlicher du deine Overlock pflegst, desto länger bleibt sie dir erhalten. Deshalb hier ein paar nützliche Hinweise:

KÜHL UND TROCKEN LAGERN
Wenn du die Maschine lagern möchtest, dann vermeide bitte Orte mit direkter Sonneneinstrahlung und hoher Luftfeuchtigkeit. Stelle die Nähmaschine nicht neben Heizgeräte, Bügeleisen, Halogen-Lampen oder andere erhitzte Objekte. Kühl und trocken gelagert hält deine Maschine am längsten.

SANFTE REINIGUNG
Verwende immer nur neutrale Seifen und Reinigungsmittel. Benzol, Verdünner und Scheuerpulver können die Maschine stark beschädigen und sollten daher niemals benutzt werden.

SANFTE BEHANDLUNG
So robust sie aussieht, so fragil ist ihr Inneres. Vermeide deshalb starke Erschütterungen jeder Art.

REGELMÄSSIG ÖLEN
Für einen ruhigen und geschmeidigen Lauf muss deine Overlock-Maschine von Zeit zu Zeit geölt werden. Normalerweise ist ein- bis zweimal pro Monat ausreichend. Bei häufigerem Gebrauch empfiehlt sich eine wöchentliche Ölung. Vor und besonders nach dem Ölvorgang sollte die Maschine ausreichend gesäubert werden.

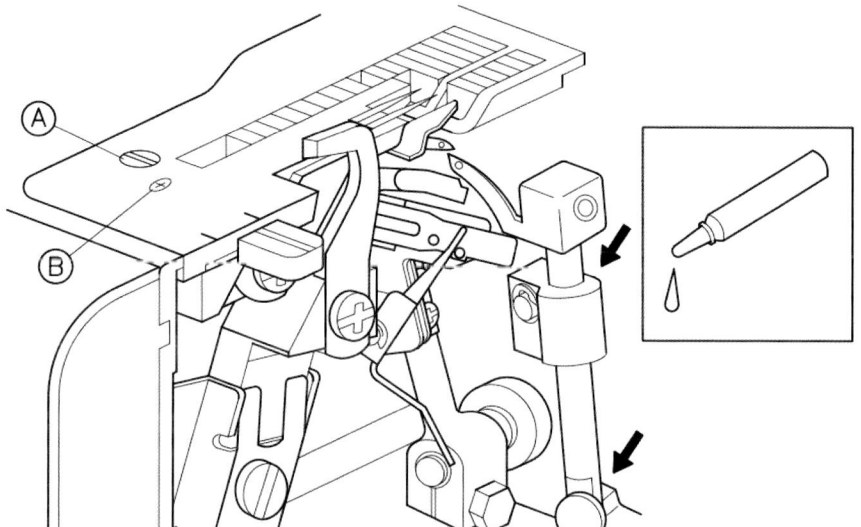

REGELMÄSSIG AUSPINSELN

Nach jedem Nähen solltest du Flusen und Garnreste entfernen. Nutze dazu das Pinselchen aus dem Zubehör. Besonders wichtig ist dabei der Greiferraum. Pinsle deine Maschine im Bereich der geöffneten Frontabdeckung aus. Danach kannst du bei Bedarf den Raum unterhalb der Stichplatte reinigen. Löse dazu die Schraube und entferne die Stichplatte. Achtung: Bitte folge hier ganz genau der Bedienungsanleitung deiner Overlock-Maschine. Die Overlock 788 hat zum Beispiel eine Schraube (B), die auf keinen Fall gelöst werden darf, da die Maschine sonst Schaden nimmt.

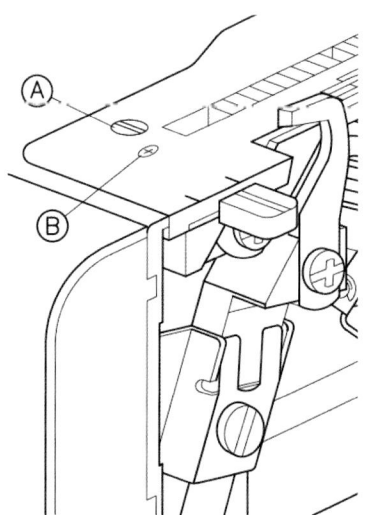

DAS AUSTAUSCHEN DER NÄHLAMPE

Bitte führe diesen und vergleichbare Vorgänge immer nur mit ausgestecktem Netzstecker durch.

Entferne vorsichtig die Abdeckung der Lampe (Bild). Löse die Schraube des Presserfußhebels und nimm diesen heraus. Löse die Schraube der Lampenfassung und tausche die Lampe aus. Achte danach darauf, wieder alle Schrauben richtig zu fixieren.

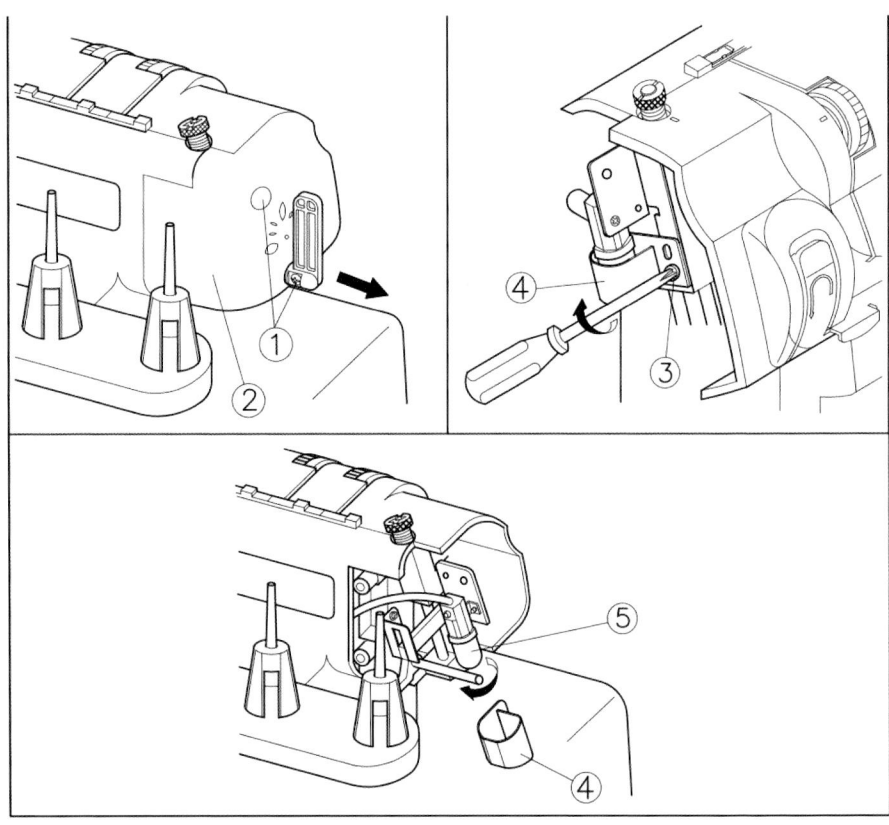

LIEBER ZU VORSICHTIG ALS ALLZU SCHNELL KAPUTT

Eine Overlock-Maschine ist für viele von uns eine wirkliche Investition. Je vorsichtiger du die Maschine behandelst, desto länger wird sie dir erhalten bleiben. Deshalb lohnt es sich bei Zweifeln, lieber noch einmal in die Bedienungsanleitung zu schauen - gerade auch wenn du zum ersten Mal den Nähfuß, die Nadel oder andere Bestandteile der Maschine wechselst.

WARTUNG

Im Falle einer Betriebsstörung folge bitte zuerst den Schritten in der originalen Bedienungsanleitung. Sollte das Problem weiterhin auftreten, so suche bitte umgehend einen Fachhändler in deiner Umgebung auf.

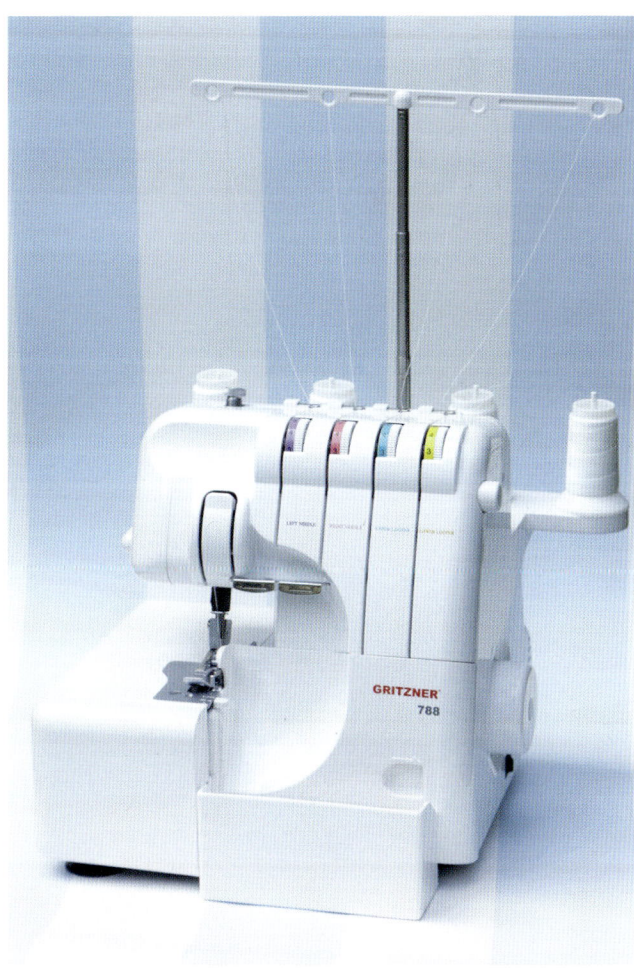

02

DIE GANZE VIELFALT
DER OVERLOCK

NAHTBEGINN- UND -ENDE

Vor dem Nähen fädelst du die Garne ein und nähst dann ein paar Stiche in die Luft. Halte dazu die durchgezogenen Fäden zusammen und leicht nach hinten. So entsteht eine Fadenkette von idealerweise 5 bis 6 cm. Diese Kette wird dann zur Anfangskette oder Endkette, je nachdem, ob sie am Anfang oder am Ende der Naht steht.

Du kannst die Fadenkette fixieren, damit sie nicht beim Nähen stört. Dazu legst du sie über die bereits genähte Naht, schiebst den Stoff unter den Nähfuß und nähst mit den ersten Stichen über die Fadenkette. So ist deine Naht versiegelt. Du kannst natürlich auch die Fadenkette mit einer Nadel durch die Overlocknaht ziehen.

Expertentipp:

STICH- UND FADENKETTE FIXIEREN
Eine weitere Möglichkeit besteht darin, mit der Nähmaschine im Zickzack ein paar Stiche über die Fadenkette zu nähen. Du musst die Fadenkette streng auf die letzten Stiche zurücklegen. Diese nähst du jetzt mit der Nähmaschine im Zickzack an und verriegelst sie. Am Ende musst du nur noch die Fäden abschneiden. So hast du die Kette fixiert und sie ist nicht mehr sichtbar.

OVERLOCK-STICHE

Alle Stiche der Overlock haben drei Aufgaben:

01. Du kannst mit ihnen zwei Stoffteile zusammennähen.

02. Du kannst mit ihnen die Stoffkante versäubern. Zusätzlich wird die Stoffkante mit dem Messer gleich abgeschnitten, wodurch ein sauberes Nahtbild entsteht.

03. Du kannst sie als Dekoration nutzen. Gerade mit Garnen in Kontrastfarben kannst du ganz individuelle Einzelstücke entwerfen.

Im Folgenden werden die wichtigsten Overlockstiche beschrieben. Bei allen Stichen, bei denen der Finger – auch Stichplatten-Finger genannt - ausgeschaltet wird, denke bitte daran, diesen wieder einzuschalten, wenn du normale Nähte mit der Overlock nähen willst. Ebenso müssen die Spannungen wieder neu überprüft und eingestellt werden.

Expertentipp:

Mach vor jedem Nähen eine Probenaht, am besten mit einem Rest vom Originalstoff.

4-FADEN-OVERLOCK-STICH

Dieser Overlockstich ist ideal für die Arbeit mit Jersey und Baumwolle. Er eignet sich hauptsächlich zum Zusammennähen. Durch die zwei Nadelfäden ist die Naht besonders gesichert und auch für schnell ausfransende Stoffe, wie z.B. Futterstoffe, geeignet.

Wenn der Stoff nach dem Nähen gerade nach hinten verläuft, ist der Differentialtransport richtig eingestellt. Wird der Stoff dagegen wellig beim Nähen, muss der Differentialtransport höher geschaltet werden. Umgekehrt kann es sein, dass der Stoff sich zusammenzieht. Dann muss der Differentialtransport niedriger einstellt werden.

Wenn die Fäden des Nadelfadens fast im Stoff ‚verschwinden‘, musst du die Nadelfadenspannung verringern.

Wenn die Verknotung des Stichs auf die Stoffunterseite gezogen wird, ist die Obergreiferspannung zu hoch eingestellt. Wird die Verknotung auf die Oberseite gezogen, ist die Untergreiferspannung zu niedrig eingestellt.

Verzieht sich der Stoff durch die Naht und die Verknotung liegt auf der Oberseite, so ist die Obergreiferspannung zu hoch. Wenn die Verknotung umgekehrt auf der Stoffunterseite liegt und die Naht den Stoff zusammenzieht, musst du die Untergreiferspannung verringern.

Ideal ist es, wenn die Verknotung eng an der Stoffkante anliegt.

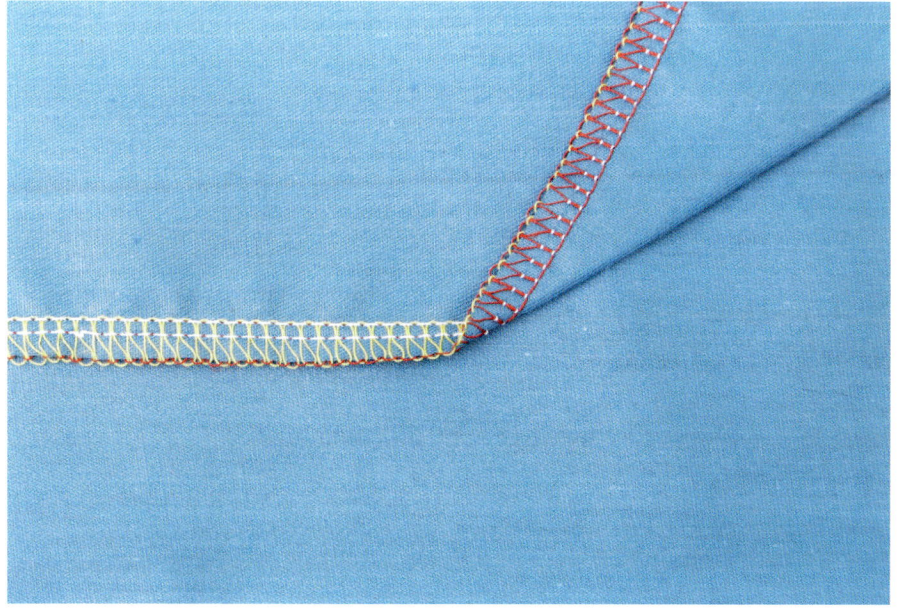

3-FADEN-OVERLOCK-STICH

Dieser Stich ist ein absoluter Klassiker, leicht zu nähen und sehr vielseitig einsetzbar.

Er eignet sich für alle Stoffarten. Von allen Stichen der Overlock wird er am häufigsten verwendet. Vor allem dient er als Versäuberungsstich. Aber auch als Zierstich für Biesen und für das Nähen von Ecken ist er beliebt.

Bei diesem Stich wird nur ein Nadelfaden eingesetzt. Es kann mit der linken oder mit der rechten Nadel genäht werden.

Wenn sich die Verknotung auf der Unterseite des Stoffes zeigt, musst du die Spannung des Obergreifers höher einstellen. Wenn die Verknotung auf der Oberseite zu sehen ist, so musst du die Spannung des Untergreifers höher einstellen.

Wenn die Naht den Stoff verzieht, so musst du die Spannung des Obergreifers verringern. Wenn die Stoffkante ungleich wird, so musst du die Messer schmaler stellen, wenn sie wellig wird, das Differential höher stellen.

NÄHEN MIT ZWEI VERSCHIEDENEN STOFFARTEN

Du kannst mit diesem Stich auch zwei verschiedene Stoffarten sehr gut verarbeiten.
Lege dazu den elastischeren der beiden Stoffe immer nach unten.

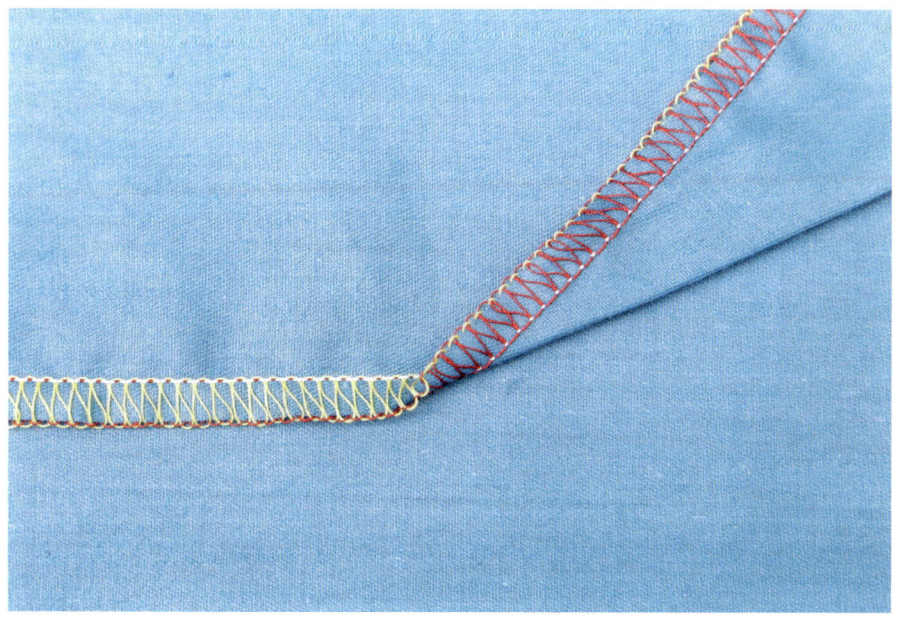

3-FADEN-FLATLOCK-STICH

Bei einer 3-Faden-Flachnaht wird mit einer Nadel genäht und die Fadenspannung auf null gestellt. Die Spannung des Obergreifers bleibt im normalen Bereich, die des Untergreifers wird deutlich höher eingestellt. Die Stichlänge beträgt hier drei bis fünf. Nach dem Nähen ziehst du die Naht auseinander und drückst sie glatt.

Die Messer müssen bei diesem Stoff immer sehr schmal eingestellt werden, damit die Naht möglichst auf Stoß mit der Stoffkante liegt.

Wenn der Flatlockstich auf der Vorderseite zu sehen sein soll, so muss der Stoff immer links auf links liegen. Wenn der Faden Schlaufen zieht, muss die Spannung des Untergreifers niedriger eingestellt werden.

Wenn die Stoffkante wellig wird, so musst das Differential höher eingestellt werden.

Wenn du den Untergreiferfaden auf der Vorderseite sehen kannst, solltest du die Obergreiferspannung niedriger einstellen. Ist diese bereits sehr niedrig eingestellt musst du die Untergreiferspannung höher einstellen. Umgekehrt musst du die Spannung des Obergreifers verringern, wenn du den Untergreiferfaden auf der Stoffvorderseite sehen kannst.

Wenn du den Stoff nicht auseinanderziehen kannst, dann stelle die Fadenspannung niedriger ein.

STICHLÄNGE EINSTELLEN

Wenn die einzelnen Stiche deutlich zu sehen sein sollen, dann stellst du die Stichlänge höher, wenn du eine einzige Stichreihe haben möchtest, dann stellst du die Stichlänge niedriger.

Dieser Stich eignet sich für fast alle Stoffe, besonders auch als Zierstich für Stoffe wie Fleece, Filz und Wolle. Nach dem Nähen wird die Naht auseinandergezogen, damit sie flach anliegt. Daher stammt übrigens auch der Name Flatlock - zu Deutsch Flachnaht.

Auf der Rückseite zeigt sich der sogenannte Leiterstich, wie wir ihn an den Säumen der Sweatjacke in Kapitel 3 verwenden.

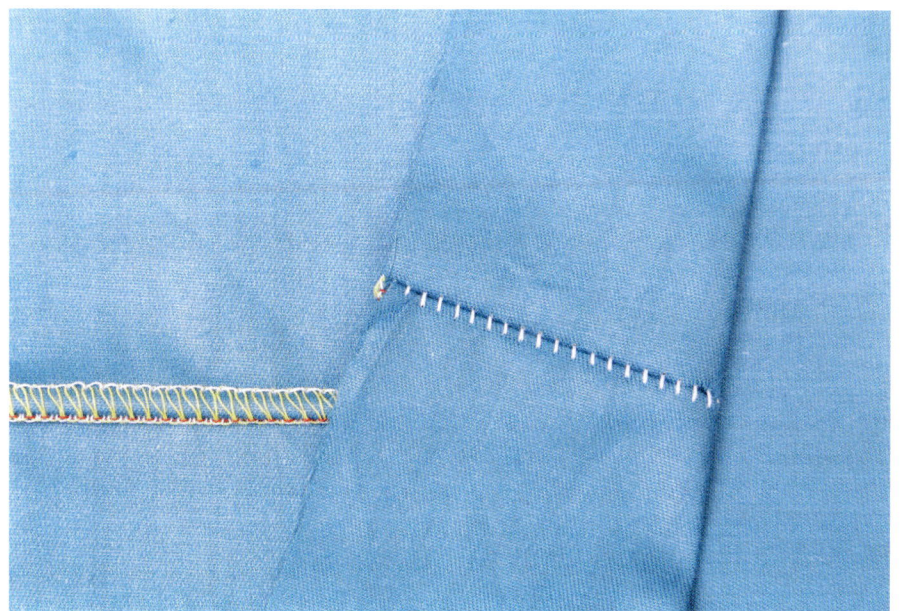

3-FADEN-ROLLSAUM

Dieser Stich eignet sich sehr gut zum Einsäumen von feinen Stoffen wie dünner Jersey oder Chiffon. Die Abschlüsse von Schals, Mützen, Tüchern, Vorhängen, Röcken und Kleidern sind nur ein paar Beispiele für die vielseitige Verwendungsart von diesem Stich.

Für den 3-Faden-Rollsaum wird die linke Nadel entfernt. Schalte den Finger aus. Ziel ist, dass die Untergreiferfadenspannung sehr streng sein sollte. Wenn du den Faden nach hinten herausziehst, ist der Finger nicht mehr vom Faden umhüllt. Nun kannst du die Stichlänge auf R.5 einstellen.

Wenn der Faden nach dem Nähen gerade nach hinten verläuft, dann ist alles richtig eingestellt. Die Verknotung verläuft hier auch direkt an der Stoffkante.

Wenn der Stoff sich beim Nähen zusammenzieht, so musst du das Differential etwas niedriger stellen. Dann wird der Stoff leicht gedehnt und verläuft gerade. Zieht sich der Stoff trotzdem weiter zusammen, so musst du die Nadelfadenspannung niedriger stellen.

Befindet sich die Verknotung des Fadens auf der Stoffunterseite, so musst du die Spannung des Obergreifers erhöhen.

Rollt sich der Stoff zu stark ein und die Verknotung befindet sich auf der Stoffunterseite, so solltest du die Spannung des Untergreifers verringern. Befindet sich die Verknotung auf der Stoffoberseite, so musst du die Spannung des Untergreifers erhöhen.

3-FADEN SUPER-STRETCH-STICH

Diese Naht ist vor allem beliebt wegen ihrer hohen Dehnbarkeit. Deshalb bietet sie sich an für das Nähen mit hochelastischen Stoffen, z.B. für Bade- und Gymnastikbekleidung. Ebenso benötigst du hier ein extrem elastisches Garn (Bauschgarn).

Ideal eingestellt ist die Maschine, wenn der Stich gleichmäßig die Stoffkante umschließt.
Der Stich wird mit beiden Nadeln und nur mit dem Untergreifer genäht. Hier wird der Konvertor oder Adapter benötigt. Die Fadenspannung der beiden Nadeln bleiben im normalen Bereich, die des Untergreifers sollte auf null eingestellt werden. Die Stichlänge liegt bei zweieinhalb bis dreieinhalb.

Wenn sich unregelmäßige Schlaufen bilden, musst du die Stichlänge kleiner einstellen.
Wenn sich bei geringer Stichlänge unregelmäßige Schlaufen bilden, musst du die Spannung des Untergreifers niedriger einstellen.
Wenn sich Schlaufen am Nadelfaden bilden, so musst du die Nadelfadenspannung höher stellen.

2-FADEN-OVERLOCK-STICH

Mit dem 2-Fadenstich wird hauptsächlich dekorativ genäht.

Hier wird mit einer Nadel und nur mit dem Untergreifer genäht. Bei einem schmaleren Stich nimmst du die linke Nadel raus, bei einem breiteren Stich die rechte Nadel. Du benutzt den Konvertor für eine 2-Fadenfunktion und stellst die Stichlänge auf R. Die Spannung des Nadelfadens bleibt im normalen Bereich, die des Untergreifers sollte auf null bis eins stehen.

Wenn sich die Verknotung auf der Unterseite des Stoffes zeigt, musst du die Spannung des Obergreifers höher einstellen. Wenn die Verknotung auf der Oberseite zu sehen ist, so musst du die Spannung des Untergreifers höher einstellen. Wenn die Naht den Stoff verzieht, so musst du die Spannung des Obergreifers verringern.

Wenn die Stoffkante ungleich wird, so musst du die Messer schmaler stellen, wenn sie wellig wird, das Differential höher stellen.

2-FADEN-FLATLOCK-STICH

Auch hier wird nur mit einer Nadel und dem Untergreifer genäht. Bei einem schmaleren Stich nimmst du die linke Nadel raus, bei einem breiteren Stich die rechte Nadel.

Die Nadelfadenspannung muss – variierend von Stoff zu Stoff - sehr niedrig gehalten werden.

Setze den Konvertor ein, schalte den Finger aus und stelle die Untergreiferspannung hoch. Die Stichlänge sollte im geringen Bereich liegen.

Wenn du die Naht nicht auseinanderziehen kannst, dann musst du die Nadelfadenspannung niedriger stellen. Die Messer müssen bei diesem Stoff immer sehr schmal eingestellt werden, damit die Naht möglichst auf Stoß mit der Stoffkante liegt.

Wenn der Faden Schlaufen zieht, muss die Spannung des Untergreifers niedriger eingestellt werden. Wenn die Stoffkante wellig wird, so musst du das Differential höher stellen.

Wenn die Verknotung des Fadens locker an der Stoffkante anliegt, ohne Schlaufen zu bilden oder sich zu verziehen, dann sind alle Funktionen richtig eingestellt.

STICHLÄNGE EINSTELLEN
Wenn die einzelnen Stiche deutlich zu sehen sein sollen, dann stellst du die Stichlänge höher, wenn du eine einzige Stichreihe haben möchtest, dann stellst du die Stichlänge niedriger.

Auch dieser Stich eignet sich für fast alle Stoffe. Sehr gut ist er auch als Zierstich für starke Stoffe wie Fleece, Filz und Wolle einzusetzen. Nach dem Nähen wird der Stoff wie beim 3-Faden-Flatlockstich gezogen, damit die Naht flach anliegt. Der 2-Faden-Flatlockstich wirkt mit einem sehr dicken Garn besonders dekorativ.

64

2-FADEN-ROLLSAUM

Auch dieser Stich eignet sich sehr gut zum Einsäumen von Stoffen. Vor allem weit fallende Schnitte von Kleidern und Röcken und sehr weiche, fließende Stoffe wie feiner Jersey sehen mit dem 2-Faden-Rollsaum besonders gut aus.

Beim 2-Faden-Rollsaum entfernst du die linke Nadel und es wird wieder nur mit dem Untergreifer genäht. Schalte den Finger aus und benutze den Konvertor, stelle die Nadelfadenspannung auf normal – oder eventuell etwas höher - und die Untergreiferspannung auf null bis eins. Die Stichlänge sollte auf kurze Stiche eingestellt werden.

Wenn der Stoff sich beim Nähen zusammenzieht, so musst du das Differential etwas niedriger stellen. Dann wird der Stoff leicht gedehnt und verläuft gerade. Zieht sich der Stoff trotzdem weiter zusammen, so musst du die Nadelfadenspannung niedriger stellen.

Wenn die Stoffkante uneben ist und sich Schlaufen bilden, dann musst du die Messer schmaler einstellen. Wenn die Stoffkante wellig wird, so musst du das Differential höher stellen.

Wenn die Verknotung an der Stoffkante liegt und der Stoff sich nicht einrollt, dann musst du die Spannung vom Untergreifer höher stellen.

Wenn der Faden nach dem Nähen gerade nach hinten verläuft, dann ist alles richtig eingestellt. Die Verknotung verläuft dabei direkt an der Stoffkante.

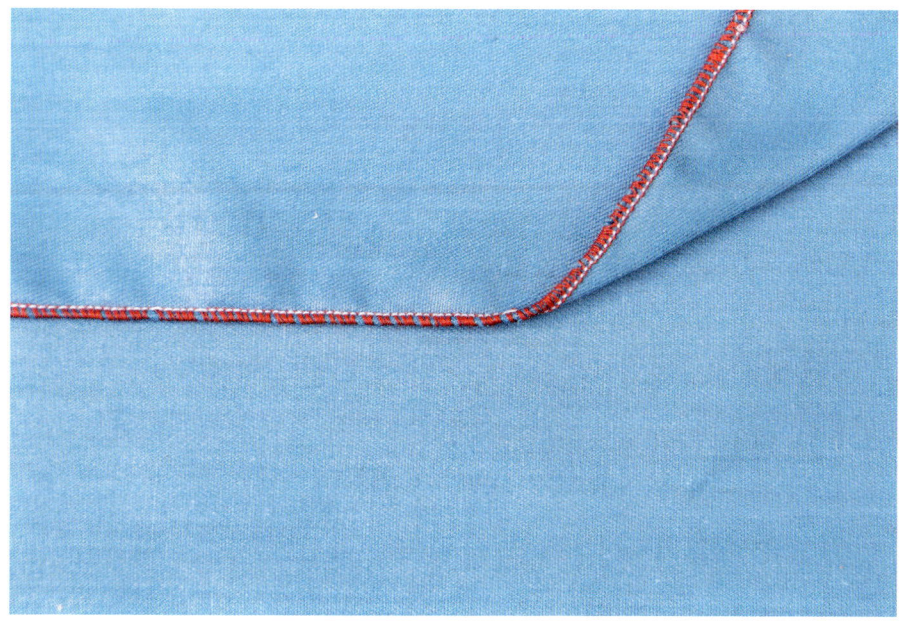

ÜBERSICHTSTABELLE OVERLOCKSTICHE

STICH	ANWENDUNG	STOFFE
4-FADEN-OVERLOCK	Eignet sich zum Zusammennähen Versäubern	Sämtliche Stoffe Elastische Stoffe Stark fransende Stoffe
BREITER 3-FADEN-OVERLOCKSTICH	Eignet sich zum Zusammennähen Versäubern Als Zierstich/Biesen	Feste, stark fransende Stoffe
SCHMALER 3-FADEN-OVERLOCKSTICH	Eignet sich zum Zusammennähen Versäubern Als Zierstich/Biesen	Dünne bis mittelstarke Stoffe
3-FADEN-ROLLSAUM	Eignet sich zum Versäubern Als dekorativer Abschluss der Kanten	Leichte bis mittelstarke Stoffe
BREITER 3-FADEN-FLATLOCKSTICH	Eignet sich zum Zusammennähen von dehnbaren Materialien Als Ziernaht	Leichte bis mittelstarke Stoffe

STICH	ANWENDUNG	STOFFE
SCHMALER 3-FADEN-FLATLOCKSTICH	Eignet sich zum Zusammennähen von dehnbaren Materialien Als Ziernaht	Elastische Stoffe Mittelstarke Stoffe
3-FADEN-SUPERSTRETCHSTICH	Zusammennähen von sehr dehnbaren Materialien, wie Badeanzugstoffe (Lycra) oder Gymnastikstoffe	Sehr dehnbare und elastische Stoffe, mittelstark
2-FADEN-OVERLOCKSTICH	Eignet sich zum Zusammennähen Versäubern Als dekorativer Kantenabschluss	Dünn bis mittelstarke Stoffe
2-FADEN-FLATLOCKSTICH	Eignet sich zum Zusammennähen Als Zierstich	Mittelstarke Stoffe

NÄHFÜßE

Hier stellen wir dir die wichtigsten
Overlock-Füßchen vor. Wenn du hier
einen Nähfuß - oder ein Füßchen, wie
man auch sagt - nicht findest, dann schau
einfach mal in das Lexikon im hinteren
Buchteil. Dort findest du es bestimmt.

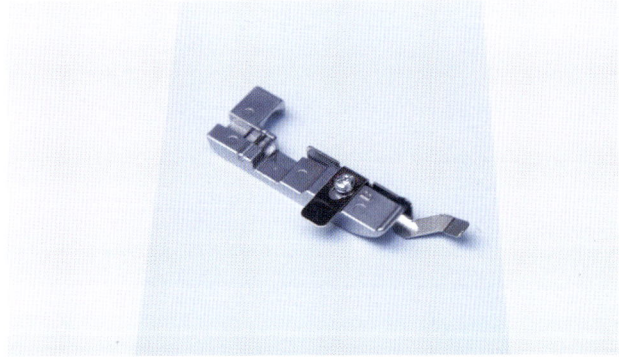

Blindstichfuß

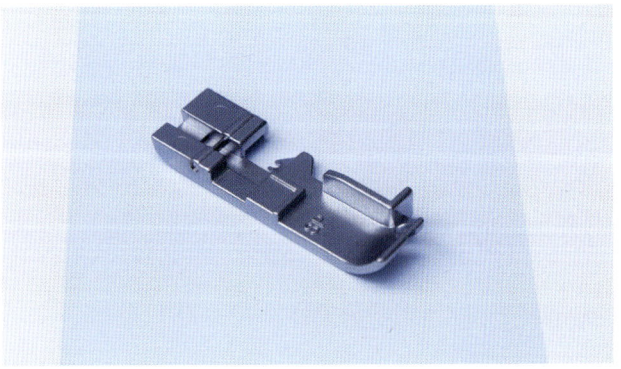

Keder- und Paspelfuß

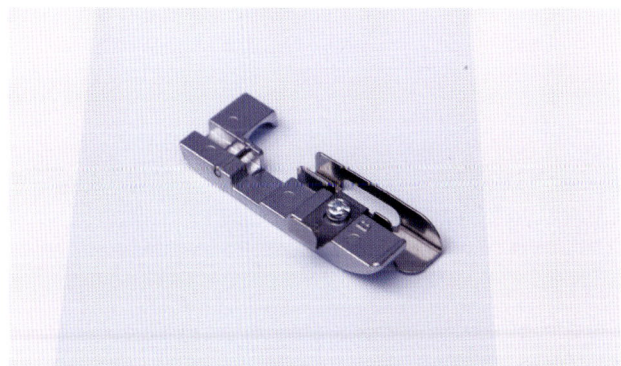

Perlannähfuß

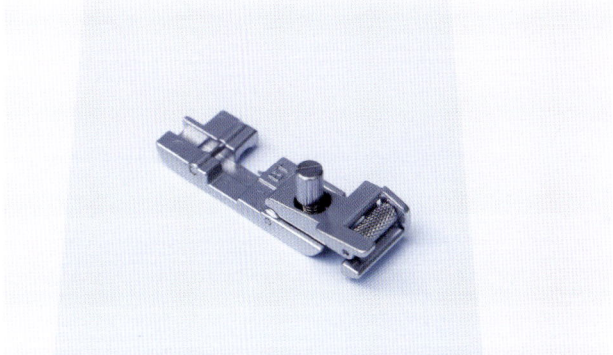

Gummibandapparat

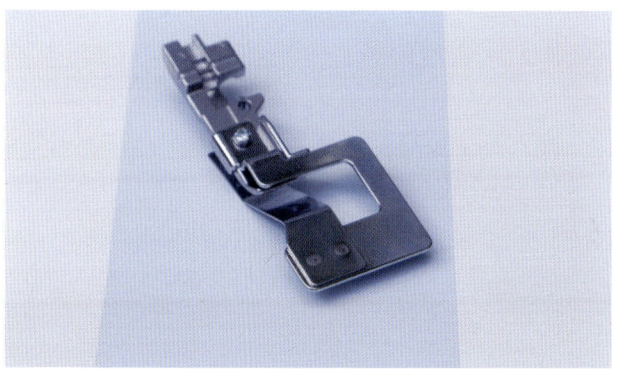

Kräuselapparat

BLIND-
STICHFUß

DER BLINDSTICHFUß

Dieses Füßchen wird für Blind-
säume und Zierstiche genutzt. Der
Blindsaum bei einem Rock oder einer
Hose wird auf der rechten Stoffseite an-
gebracht, so dass er nicht zu sehen ist.

ANLEITUNG

Stelle die Overlock auf eine schmale 3-Faden-Overlocknaht ein. Alterna-
tiv kannst du auch die 4-Faden- oder
eine schmale 2-Faden-Overlocknaht verwenden.
Setze zunächst den Blindstichfuß ein.
Falte und bügle den Saum in der gewünschten Breite um. Falte
nun den Saum zur rechten Stoffseite hin zurück und lass dabei
eine 6-mm-Kante überstehen.
Lege den Saum unter den Nähfuß,
so dass die Bruchkante an der Füh-
rung anliegt. Stelle die Füh-
rung so ein, dass die Nadel gerade einen Faden der Bruchkante erfasst.
Das Füßchen ist besonders geeignet
für diese Stoffe: Wolle, Gabardine, Leinen, Strickstoff.

Expertentipp:

Vorteil bei dieser Naht ist neben der
Unsichtbarkeit, dass die Saumkante
gleichzeitig versäubert wird.

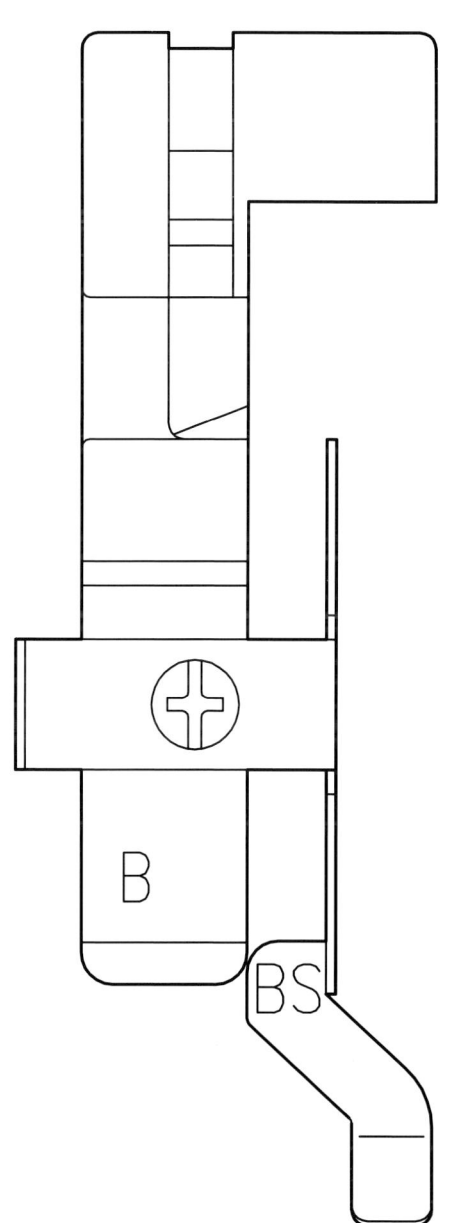

GUMMIBAND-FUß

GUMMIBANDFUß

Dieses Füßchen ist geeignet zum An-
nähen von Gummibändern. Es kann
dabei das Gummiband präzise führen
und spannen. Das Gummiband muss in
der Breite durch den Schlitz des Fußes
passen. Bitte miss das dort vor dem Ein-
ziehen nach.

ANLEITUNG

Als Stiche nutzt du idealerweise den
3-Faden-Overlockstich mit Stichlänge 4
bis 5 mm und Stichbreite 4,5 bis 5 mm
und stellst die Fadenspannung auf ‚normal‘. Öffne nun die Schraube am Nähfuß,
nimm diesen ab und zieh das Gummiband durch den Fuß. Jetzt kannst du
den Fuß wieder anbringen. Schiebe das
Gummiband bis hinter den Nähfuß und
nähe es so lange, bis es automatisch aus
dem Fuß geschoben wird. Nun ziehst du
die Spannungsschraube fest und spannst
damit das Gummiband. Je fester du dabei
die Schraube ziehst, umso mehr wird der
Stoff unter dem Gummi gehalten.
Platziere jetzt den Stoff unter den Nähfuß und nähe das Gummiband darauf.
Bei Bedarf kannst du die Dehnung des
Gummibandes noch anpassen.

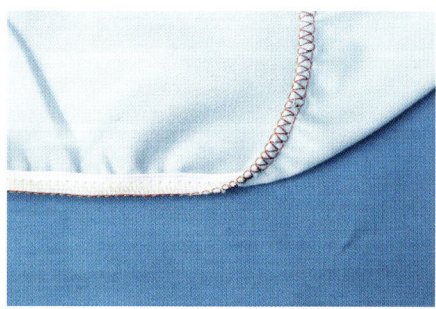

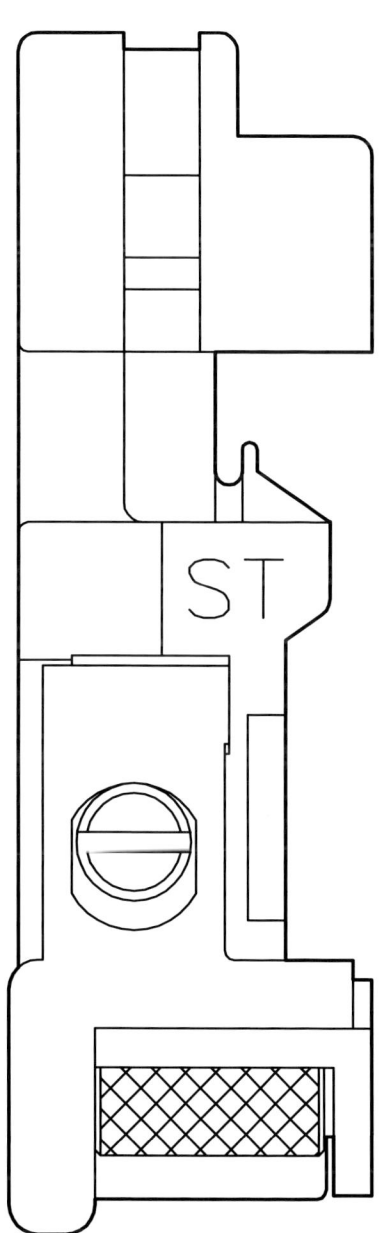

PASPELFUß

PASPELFUß

Dieser Nähfuß hat folgende Aufgaben:
Die Herstellung und das Einnähen von
Paspeln und Kordeln.
Eine Einkerbung an der Unterseite des
Nähfüßchens erlaubt eine präzise Füh-
rung der Paspel.

ANLEITUNG

Setze den Paspelfuß ein, schneide den
Stoff zu, lege die beiden Stoffteile rechts
auf rechts unter den Nähfuß und ziehe
die Paspel an der Nahtlinie entlang. Die
Paspel liegt dabei in der Einkerbung an
der Unterseite des Füßchens. Die Paspel
muss dabei so dünn sein, dass sie samt
Stoff durch die Einkerbung laufen kann.

Bei dieser 3-Faden- oder 4-Fadennaht
sollte die Nadel ganz dicht an der Schnur
einstechen.

Der Paspelfuß ist vor allem für feinen Wollstoff, Leinen und Baumwolle
geeignet.

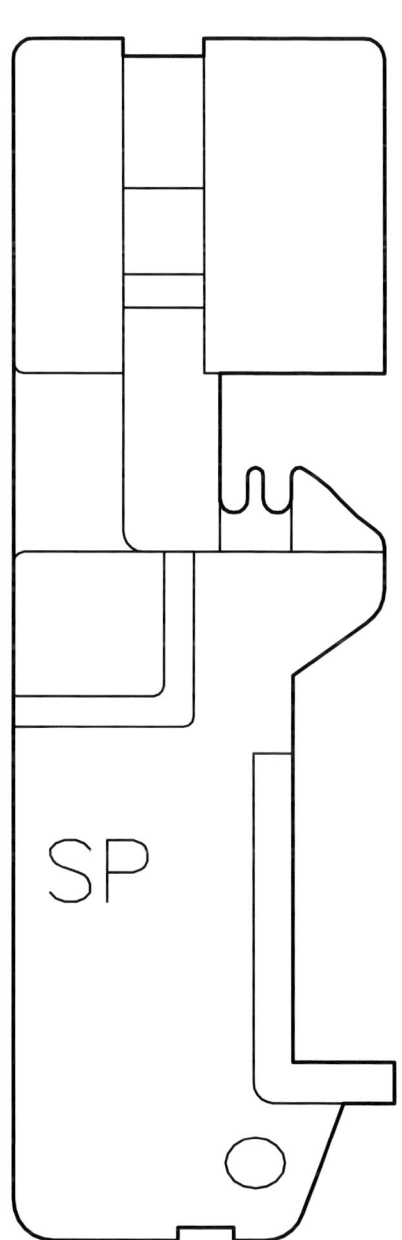

SP

KRÄUSELFUß

KRÄUSELFUß

Der Kräuselfuß eignet sich zum gleichzeitigen Kräuseln und Zusammennähen zweier Stofflagen, bei der eine Stofflage glatt bleibt und die zweite gekräuselt wird.
Er ist vor allem für leichtere Stoffe zu empfehlen.

ANLEITUNG

Stelle zunächst deine Overlock auf die 4-Faden-Overlocknaht. Schneide den Stoff für die obere Lage etwas an, führe ihn in den oberen Nähbereich, oberhalb der Nähzunge und unterhalb des Nähfußes, mit der rechten Seite nach unten ein. Den Stoff, der gekräuselt werden soll, schiebst du unter die Nähzunge. Der untere Stoff liegt dabei mit der rechten Seite nach oben.
Näh erst ein paar Stiche, um die Stoffe zu fixieren und schneide den Faden dann direkt am Nähfuß ab. Der obere Stoff muss mit der Hand gespannt und gehalten werden, während der untere locker geführt wird.

Je höher die Einstellung der Stichlänge ist, desto stärker wird dabei der Kräuseleffekt. Mit einer höheren Differential- und Stichlängeneinstellung kann der Kräuseleffekt verstärkt werden.

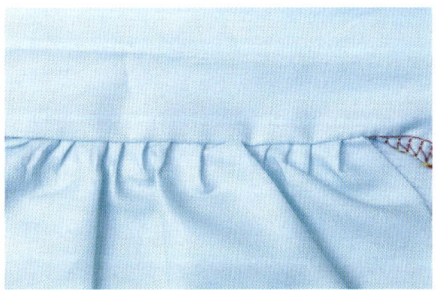

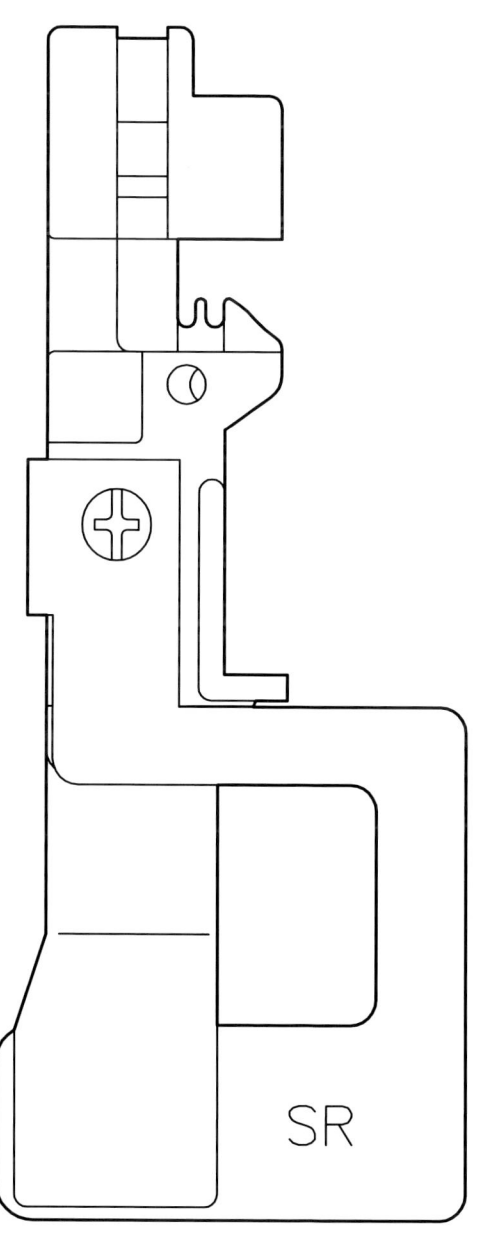

PERLANNÄHFUß

PERLANNÄHFUß

Der Perlannähfuß wird, wie der Name schon sagt, zum Aufnähen von Perlen verwendet. Die Perlen können sich dabei meist an der Nähfußunterseite frei bewegen.

ANLEITUNG

Stelle deine Overlock auf einen breiten oder schmalen 2-Faden-Flatlockstich – je nachdem, welche Perlen du verwendest. Setze nun den Perlenfuß ein. Wähle die Stichlänge (2,5 bis 4 mm) je nach Größe der Perlen – maximal sind bei unserer Overlock 788 und den meisten anderen Maschinen 4 mm möglich. Deaktiviere das Obermesser, sonst kann deine Overlock Schaden nehmen. Lege die Perlen in die Aussparung an der Nähfußseite und bis hinter den Nähfuß. Senke jetzt den Nähfuß ab und drehe das Handrad, um die ersten beiden Stiche mit der Hand abzunähen. So werden die Stiche ganz genau und die Perlen sind fixiert.

Markiere jetzt mit einem wasserlöslichen Stift eine Linie und falte den Stoff an ihr entlang. Lege die gefaltete Stoffkante unter den Nähfuß - etwa 3 mm von der Stichplatte entfernt. Der Stich befindet sich halb auf dem Stoff und halb neben der gefalteten Kante. Senke die Nadel in den Stoff ab und nähe langsam, während du die Kante führst.

Der Perlannähfuß ist empfehlenswert für diese Stoffe: Jeansstoff, Sweatshirt-Stoff, Leinen und Satin.

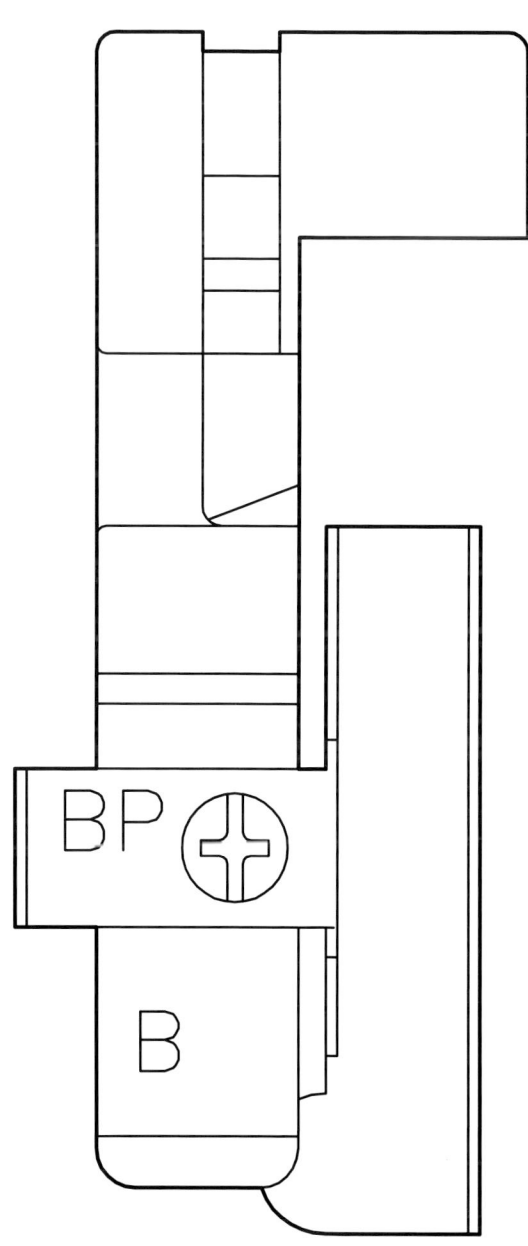

NÄHFUß WECHSELN

Bitte beachte dabei, dass sich die Nadel in der obersten Position befindet. Hebe den Nähfuß nun an.

Hinten am Fuß - oberhalb vom Nähfußhalter - befindet sich eine Taste zum Entriegeln des Nähfußes. Drücke diese Taste und schon kannst du den Fuß entfernen.

Anschließend legst du den gewünschten Nähfuß auf die Stichplatte unter der Aussparung am Nähfußhalter. Durch erneutes Drücken der Entriegelungstaste rastet der Nähfußhalter am Fuß ein.

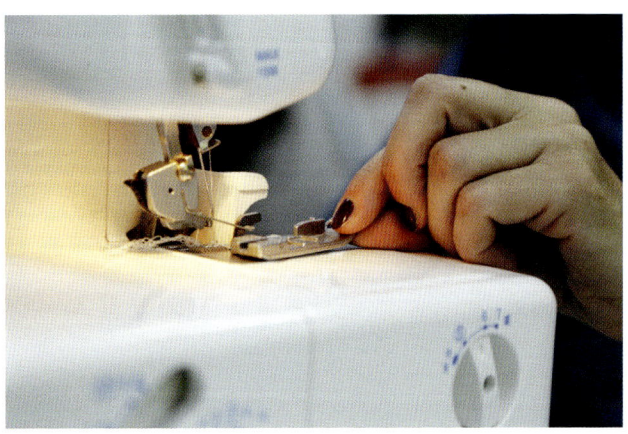

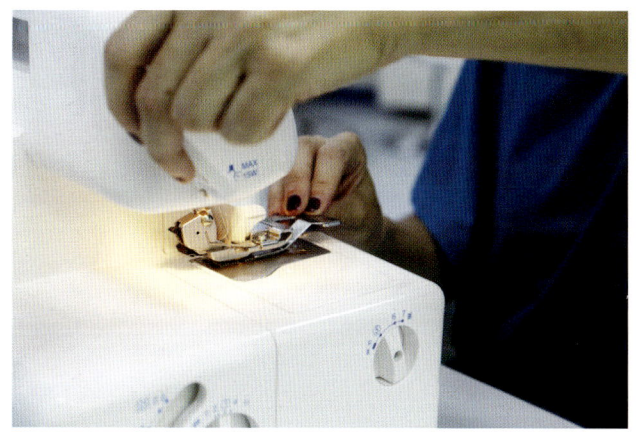

03

EINFACH NÄHEN LERNEN
MIT DER OVERLOCK

kissen
zum kuscheln

Rückseite

einfach und schnell

DAS BRAUCHST DU

0,5 m Baumwollstoff pro Kissen
Kisseninlett 40 x 40 cm

DAS KANNST DU HIER LERNEN

4-Faden Naht

Maße für Kissen - Zuschnitt

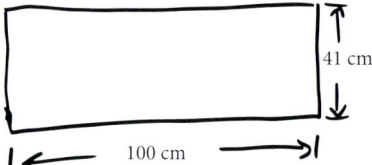

41 cm

100 cm

1 hochklappen (rechts auf rechts) auf 2

Das Kissen wird 40 x 40 cm groß. Und es
ist wirklich ruckzuck genäht.

Erst einmal schneidest du den Stoff nach
der Schemazeichnung zu.
Jetzt schlägst du die Säume auf den beiden kurzen Seiten doppelt ein.

Expertentipp:
Bügel den Stoff vor dem Nähen und später auch die eingeschlagenen Säume - so
wird das Kissen noch schöner!

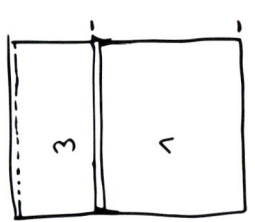

3 auf 1 runterklappen

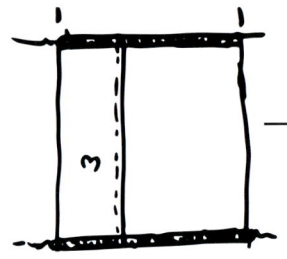

Nähe nun mit deiner Nähmaschine die beiden kurzen, eingeschlagenen Seiten knappkantig fest.

Leg den Stoff nach der Zeichnung übereinander und stecke ihn mit Stecknadeln oder Klammern fest.

Jetzt nur noch zusammennähen, wenden, ausfüllen und fertig!

tüllrock
zum tanzen

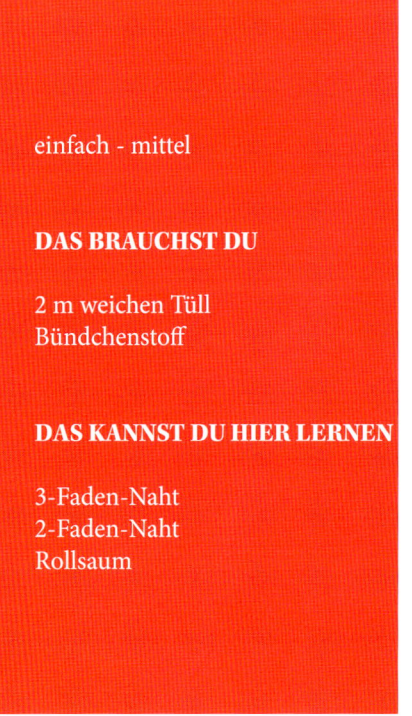

einfach - mittel

DAS BRAUCHST DU

2 m weichen Tüll
Bündchenstoff

DAS KANNST DU HIER LERNEN

3-Faden-Naht
2-Faden-Naht
Rollsaum

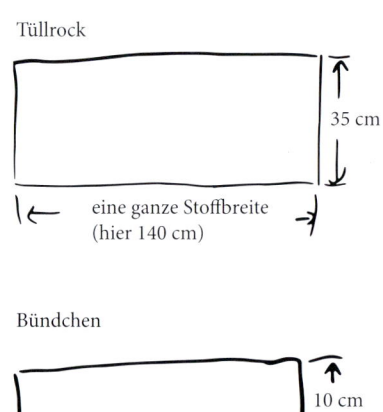

Tüllrock

35 cm

eine ganze Stoffbreite
(hier 140 cm)

Bündchen

10 cm

50 cm

(Weite vom Bündchen am Kind
ausprobieren)

Dieser schöne Rock ist ein echter Klassiker – ob süß, ob wild, ob verträumt, ob rockig. Du kannst ihn unendlich kombinieren.
Die Angaben sind hier für Größe 128.

Erst einmal schneidest du den Stoff nach der Schemazeichnung zu. Du hast dann zwei Rockteile und ein Rockbündchen vor dir liegen.

Jetzt nähst du die beiden Rock-Teile links auf links zusammen.
Dann schneidest du die Naht knapp zurück, wendest den Stoff rechts auf rechts und nähst auch hier die beiden Seiten zusammen. Das nennt sich französische Naht.

Expertentipp:
Wenn du feinen Stoff benutzt, ist die französische Naht zum Zusammennähen besonders gut geeignet.

Bild 1

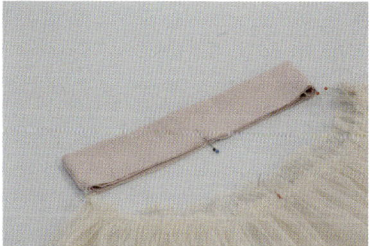

Bild 2

Dann reihst du die obere Rockkante, je nach Hüftweite, auf 75 bis 80 cm ein (Bild 1).

Du nähst den Bund zum Ring und legst ihn zur Hälfte zusammen. Markiere die Seitennähte an der Annähkante und an der vorderen und hinteren Mitte. Am Rock gehst du genauso vor (Bild 2).

Nun nähst du den Bund in den auf links gedrehten Rock. Denk daran, ihn beim Nähen gleichmäßig zu dehnen (Bild 3).

Jetzt bringst du den Rollsaum an der unteren Kante an und – fertig ist der Rock zum Tanzen!

Expertentipp:
Du kannst auch noch einen Unterrock in einem anderen Farbton und aus steiferem Tüll nähen (Bild 4). Je mehr Tüll du nimmst, desto schöner steht später der Rock!

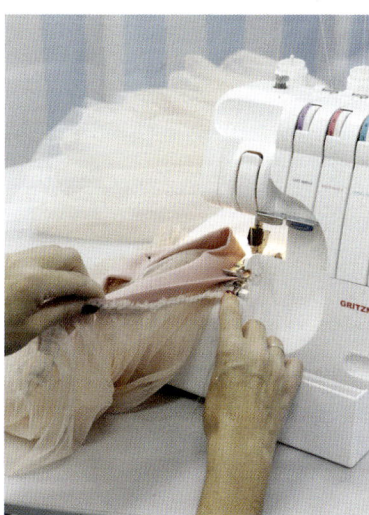

Bild 3

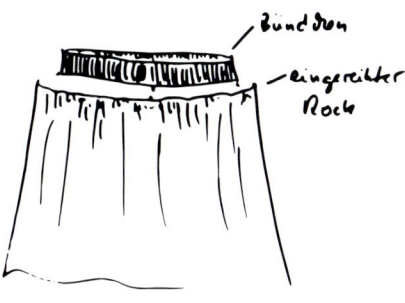

Bild 4

sweatjacke aus alpenfleece

mittel

DAS BRAUCHST DU

1,5 m Sweat mit Fleece gefüttert
einen ähnlichen Schnitt

DAS KANNST DU HIER LERNEN

4-Faden-Naht
3-Faden-Naht
abgerundete Ecken
Flatlockstich / Leiterstich

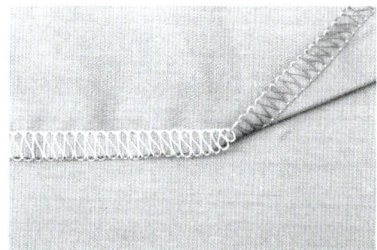

Bild 1

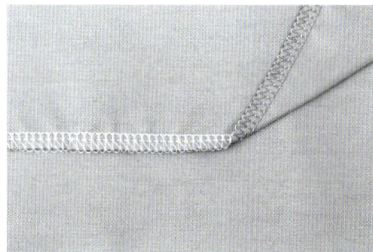

Bild 2

Diese schöne Jacke ist gar nicht so schwer zu nähen. Die Angaben sind hier für Größe 170.

Alle ‚Zusammensetz'-Nähte wie Schulternähte, Ärmel einsetzen und Seitennähte nähst du später mit der 4-Faden-Naht.

Die Taschen versäuberst du erst einmal mit der 3-Faden-Naht (Bild 1). Hier kannst du üben, wie du abgerundete Ecken nähst. Die oberen Tascheneingriffe kannst du umschlagen und mit der normalen Nähmaschine festnähen. Die beiden Taschen werden jetzt positioniert und mit der Nähmaschine aufgenäht.

Jetzt stellst du auf Flatlockstich und nähst den Ärmelsaum damit. Wenn du den Flatlockstich jetzt auseinanderziehst, dann siehst du auf der anderen Seite den typischen Leiterstich.

Nun nähst du die Schultern, die Ärmel und die Seiten mit der 4-Faden-Naht (Bild 2) als Schließnaht an.

Danach versäuberst du die Ausschnittkante rundherum mit der 3-Faden-Naht. Klapp sie dann um und nähe sie mit deiner Nähmaschine fest.

Zum Schluss nähst du den Jackensaum wieder mit dem Flatlockstich / Leiterstich. Und fertig ist die Lieblingsjacke!

midirock
mit falten

mittel - schwer

DAS BRAUCHST DU

2,5 m Baumwollstoff
25 cm farblich passender
Reißverschluss

DAS KANNST DU HIER LERNEN

4-Faden-Naht
3-Faden-Naht
Blindstich-Naht

Erst einmal schneidest du den Rock und den Rockbund nach der Schemazeichnung zu. Die Maße sind hier für Größe 32 bis 34 angegeben.

Um Falten genau zu berechnen, braucht es Übung – also nicht verzagen, es wird jedes Mal ein bisschen besser (Bilder).

Expertentipp:
Mache dir eine Schablone für die Falten und stecke sie danach fest.

Nun fixierst du die Falten an der oberen
Rockkante und nähst sie mit deiner
normalen Nähmaschine fest.
Du schließt eine Seitennaht komplett
mit der 4-Faden-Naht. Bei der zweiten
Seitennaht muss du die einzelnen Stoff-
kanten versäubern, bevor du sie zusam-
mennähst.
Oben lässt du einen 16 cm langen Schlitz
für den Reißverschluss.

Jetzt musst du den Bund mit aufgebü-
gelter Bundeinlage zur Hälfte bügeln
und mit einer langen Kante an die obere
Rockkante nähen.

Schlag die innere Kante - also die zweite,
lange Kante - und die kürzere Kante am
Schlitz ein. Nun steckst und nähst du
beides fest.
Zum Schluss nähst du den Reißverschluss hinter den Schlitz.

Am unteren Saum nutzt du den Blindstichfuß. Noch ein letztes Mal festnähen
und - fertig!

Expertentipp:
Mit einem Unterrock aus Tüll bekommst
du einen schönen Petticoat-Effekt!

1 —— Berechnung für Falten / Stoffverbrauch

TU (Taillenumfang)   : Anzahl der Falten
Beispiel: 70 cm   : 10   = 7 cm

pro Falte berechnen wir 3 x die Breite
3 x 7 cm = 21 cm (x Anzahl) x 10
   =>   210 cm Stoff wird benötigt

2,10 m Stoff in der Breite

2 —— 2,10 m wird auf zwei Teile geteilt:
1 Vorderteil und ein Rückteil
2 x 1,05 m x Rocklänge (hier 63 cm)

63 cm

1,05 m

Teil plus Nahtzugaben zuschneiden, hier
rechts und links an den Kanten je 1,5 cm
und in der Länge 3 cm.

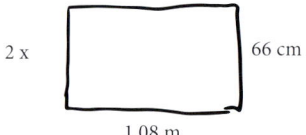

2 x   66 cm

1,08 m

Bund

73 cm x 9 cm

1 x

Tu + 3 cm Nahtzugabe + 9 cm Breite

3 —— Am Stoff Markierungen anbringen:

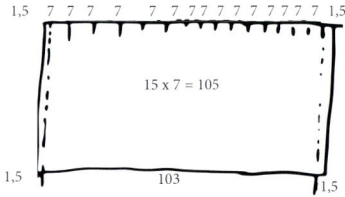

1,5 7 7 7   7 7 7 7 7 7 7 7 7 7 7 1,5

15 x 7 = 105

1,5   103   1,5

Falten legen: siehe Stoff

sweathose zum spielen

Schwer

DAS BRAUCHST DU

0,5 m Sweat
0,4 m passende Bündchenware
einen ähnlichen Schnitt

DAS KANNST DU HIER LERNEN

4-Faden-Naht
3-Faden-Naht
„imitierte Coverlocknaht"

Jetzt kommen wir zum Meisterstück. Die Angaben sind hier gemacht für Größe 98 bis 104.

Fangen wir mit den Taschen an: Erst versäuberst du die Eingriffe, dann klappst du die Tascheneingriffe um und nähst sie mit der normalen Nähmaschine fest.

Dann versäuberst du die Taschen außen mit der 3-Faden-Naht und nähst sie wieder mit der normalen Nähmaschine auf. Das nennt sich dann imitierter Coverlockstich.

Die Knie-Patches nähst du mit derselben Technik auf.

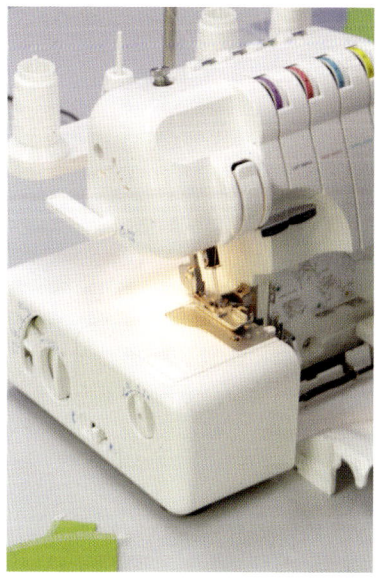

Jetzt nähst du die Hosenseitennähte, die inneren Beinnähte und die Schrittnaht mit der 4-Faden-Naht zusammen.

Danach kommt der Strickbund dran: Nähe ihn zum Ring zusammen und lege ihn zur Hälfte.

Markiere jetzt an der Annähkante die Seitennähte sowie die vordere und hintere Mitte. Bei der Beschreibung vom Tüllrock findest du nochmal die genaue Anleitung, wie das geht.

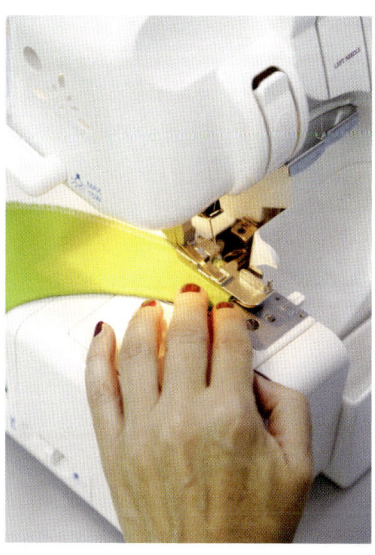

Zum Schluss musst du nur noch die Beinbündchen zusammennähen und in die auf links gedrehten Hosenbeine nähen. Dehne dabei den Stoff leicht beim Nähen.

Und - fertig!

Expertentipp:
Benutze kontrastfarbenes Garn
– das gibt einen tollen Effekt!

04

DAS OVERLOCK-LEXIKON

DIE OVERLOCK VON A BIS Z

A

AUFFANGBEHÄLTER
Der Auffangbehälter oder Restebehälter wird vorne an die Coverlock geschoben oder eingehängt. Er fängt Stoff- und Fadenreste auf.

B

BIESENFUß
Ein anderes Wort für Kederfuß oder Paspelfuß.

BLINDSAUM
Der Blindsaum ist ein Saum, der auf der Innenseite genäht wird und somit nicht sichtbar ist für den Betrachter.

D

DIFFERENTIALTRANSPORT
Durch den Differentialtransport wird der Stoff beim Nähen gleichmäßig in die Maschine geschoben. Dabei kann eingestellt werden, ob der Stoff glatt, gerafft oder gekräuselt genäht wird.

E

ELASTIKFUß
Elastikfuß ist ein anderes Wort für Gummibandapparat.

F

FADENABSCHNEIDER
Einige Overlock-Maschinen besitzen einen Fadenabschneider. So wird keine Schere zum Abschneiden des Fadens benötigt. Empfehlenswert ist es, wenn die Fadenkette so weit genäht wird, dass sie in den Fadenabschneider gezogen und dort abgeschnitten werden kann.

FADENKETTE
Am Ende der Naht entsteht die Fadenkette durch das Nähen ‚ins Leere'. Dies wird auch ‚abketteln' genannt. Mit einer neuen Naht steht dann diese Fadenkette am Anfang. Deshalb heißt sie auch Anfang- und Endkette.

FADENSPANNUNGSLÜFTER
Viele Overlock-Maschinen sind mit einem Fadenspannungslüfter (Bild) ausgestattet, um die Fadenspannung zu lösen. Bei unserem Model musst du den Knopf des Lüfters (1, 3) drücken. Während des Drückens kannst du den Faden ganz leicht in die Fadenspannung einführen. Danach kannst du den Fadenspannungsregler bedienen (2).

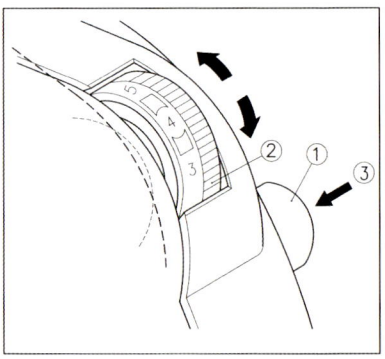

FADENSPANNUNGSREGLER
Durch diesen Regler der Overlock-Maschine wird der Faden beim Einfädeln geführt. Der Fadenspannungsregler dient zur Einstellung der Fadenspannung (2).

FADENSPANNUNGSSCHEIBE
Ein anderes Wort für Fadenspannungs-regler.

FINGER
Der Finger sitzt an der Stichplatte. Er kann bei bestimmten Nähstichen ausge-schaltet werden.

FLACHSAUMNAHT
Diese Naht entspricht dem Flatlockstich.

FRANZÖSISCHE NAHT
Du nähst zwei Teile links auf links zusammen. Nach dem Zurückschnei-den der Naht rechts auf rechts legen und nochmal zusammennähen, das nennt man dann französische Naht.

FÜßCHEN
Ein Zubehör der Overlock. Die meisten Overlock haben vier bis fünf verschiedene Füßchen mit im Zubehör. Ob Fuß oder Füßchen in den Anleitungen steht, macht keinen Unterschied.

G

GARNNETZ
Wenn du Konen für den Faden verwen-dest, gibt es dafür ein Garnnetz (Bild). Du kannst es über jede einzelne Kone stülpen (1), damit das Garn nicht herabfällt.

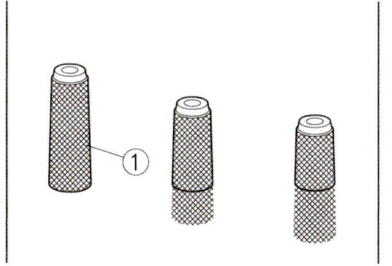

GLÜHLAMPE
Die Glühlampe oder Nählampe muss, je nach Gebrauch, öfter ausgewechselt wer-den. Bitte diesen Vorgang immer nur mit ausgestecktem Netzstecker durchführen. Entferne die Abdeckung der Lampe. Löse die Schraube des Presserfußhebels und nimm diese heraus. Löse dann die Schraube der Lampenfassung, um diese zu entfernen.
Wechsel die Lampe nur gegen eine Glühlampe des gleichen Types 15 W.

GREIFER
Der Greifer ist ein Metallarm an der Overlock-Maschine, durch den Garne ge-fädelt werden. Diese Garne verschlingen sich beim Nähen mit den Nadelfäden.

GUMMIBANDNÄHFÜßCHEN
Ein anderes Wort für Gummibandappa-rat.

GUMMIBANDKRÄUSLER
Ein anderes Wort für Gummibandappa-rat.

H

HANDRAD
Mit dem Handrad kannst du auch ohne Stromzufuhr die Nadel bewegen. Drehe das Handrad immer nur in deine Rich-tung.

I

IMITIERTER COVERLOCKSTICH
Wenn zum Beispiel aufgesetzte Taschen mit der 3-Faden-Naht versäubert, aber dann mit der Nähmaschine aufgenäht werden, so nennt man das imitierter Coverlockstich.

K

KONVERTOR

Dieser Adapter wird benötigt, wenn die Maschine auf 2-Faden-Nähte umgestellt wird. Hier wird der Obergreifer dann damit ausgeschaltet. Dies wird außerdem bei dem Superstretchstich (drei Fäden) gemacht.

L

LEITERSTICH

Das ist ein Flatlockstich mit auseinandergezogener Naht. Auf der Unterseite ist dann der typische Leiterstich zu sehen.

N

NADELFUSS

Nadelfuß ist ein anderer Begriff für Presserfuß.

P

PAILLETTENFUß

Wie schon der Name besagt, ist dieses Füßchen dazu gedacht, Pailleten anzunähen. Die genaue Bedienung für dieses Sonderzubehör entnimmst du in diesem Fall deiner Original-Bedienungsanleitung.

PERLANNÄHFUß

Wie schon der Name besagt, ist dieses Füßchen dazu gedacht, Perlen anzunähen. Die genaue Bedienung für dieses Sonderzubehör entnimmst du in diesem Fall deiner Original-Bedienungsanleitung.

PRESSERFUß

Ein anderes Wort für Nadelfuß.

PRESSERFUßDRUCKREGLER

Der Druck des Presserfußes (Bild) kann durch Drehen der Einstellschraube an der Maschinenoberseite eingestellt werden. Möchtest du dickere Materialien nähen, musst du den Druck regulieren. Beim Vernähen von dünnen Stoffen wird normalerweise der Presserfußdruck reduziert (2) und bei dickeren Stoffen entsprechend erhöht (3). Dazu musst du die Einstellschraube (1, 4) festdrehen oder lockern. In der Grundeinstellung ist die Overlock auf feine bis mittelfeine Stoffe eingestellt (5).

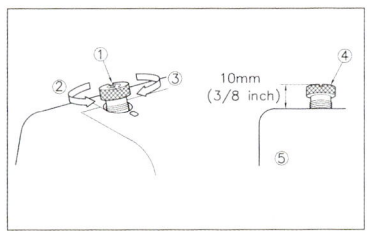

PINZETTE

Die Pinzette ist ein wichtiges Zubehör. Es hilft dir beim Einfädeln und beim Reinigen der Maschine.

PINSEL

Mit dem Pinsel oder Pinselchen reinigst du deine Overlock-Maschine. Ein unverzichtbares Zubehör.

S

SCHLIEßNAHT

Die Schließnaht bei unseren Modellen hier ist eine 4-Faden-Overlocknaht.

SCHLINGEN UND SCHNITTBREI-TEN-EINSTELLUNG

Wenn die Schnittbreiten-Einstellung nicht optimal eingestellt ist, dann stehen Schlinge von der Stoffkante ab. Durch die Regulierung der Schnittbreiten-Einstellung sowie Ober-und Untergreifer ist dieses Problem zu beheben.

SPANNUNGSLÜFTER

Dies ist ein anderes Wort für Fadenspannungslüfter.

STICHBREITE

Die Stichbreite bei der Overlock meint den Abstand zwischen Nadeln und Stoffkante. Die Stichbreite wird generell mit einem Rädchen reguliert. Ist der Stoff dicker, sollte die Stichbreite auch etwas breiter eingestellt werden und umgekehrt.

STICHLÄNGE

Der Abstand der Einstiche im Stoff wird Stichlänge genannt. Die Einstellung läuft über ein Rädchen, eine Schraube, einen Hebel oder einen Knopf. Je kürzer die Stichlänge ist, desto dichter ist die Naht.

STICH UND FADENKETTE

Diese Kette bildet sich als Anfangs-/End-kette beim Nähen.

U

ÜBERWENDLICH NÄHEN

Dies ist der typische Arbeitsvorgang mit der Overlock. Du nähst in einem Arbeitsschritt zwei Teile zusammen und versäuberst sie gleichzeitig, z.B. mit dem 2-Faden- und 3-Faden-Overlockstich.

UNIVERSALNADELN

Das sind normale Nähmaschinennadeln, die du auch für manche Overlock- und Coverlock-Maschinen verwenden kannst.

HÄUFIGE PROBLEME
UND IHRE LÖSUNGEN

PROBLEM	GRÜNDE	LÖSUNGEN
STOFF WIRD NICHT TRANS-PORTIERT	Der Fuß übt nicht genügend Druck aus.	Drehe die Einstellschraube des Fußdrucks mit dem Uhrzeigersinn.
DIE NADEL BRICHT	Die Nadel ist beschädigt. Die Nadel ist nicht richtig eingesetzt. Es wird die falsche Nadel benutzt.	Wechsle die Nadel aus. Setze die Nadel noch einmal richtig ein. Setze die richtige Nadel ein.
DER FADEN REIßT	Der Faden ist nicht richtig eingefädelt. Der Faden hat Knoten. Die Fadenspannung ist zu streng eingestellt. Die Nadel ist nicht richtig eingesetzt. Es wird nicht die richtige Nadel benutzt.	Fädle den Faden noch einmal korrekt ein. Tausche das Garn aus. Verringere die Fadenspannung. Setze die Nadel noch einmal richtig ein. Setze die richtige Nadel ein.

PROBLEM	GRÜNDE	LÖSUNGEN
DIE MASCHINE LÄSST STICHE AUS	Die Nadel ist beschädigt. Die Nadel ist nicht richtig eingesetzt. Es wird nicht die richtige Nadel benutzt. Der Faden ist nicht richtig eingefädelt. Der Fuß übt nicht genügend Druck aus. Es wird minderwertiges Garn benutzt.	Wechsle die Nadel aus. Setze die Nadel noch einmal richtig ein. Setze die Nadel ein. Fädle den Faden noch einmal korrekt ein. Reguliere den Fußdruck. Benutze hochwertiges Overlockgarn.
SCHLECHTE STICHQUALITÄT	Die Fadenspannung ist nicht richtig eingestellt.	Stelle die Fadenspannung richtig ein.
NAHT BILDET FALTEN	Die Fadenspannung ist nicht richtig eingestellt. Es wird minderwertiges Garn benutzt. Die Nadel ist nicht richtig eingefädelt. Der Faden bildet Schlaufen.	Stellen Sie die Fadenspannung richtig ein. Benutze hochwertiges Overlockgarn. Fädel die Nadel noch einmal richtig ein. Benutze ein qualitativ hochwertigeres Garn.

— INDEX

—— IMPRESSUM

ISBN 978-3-00-054677-8

HERAUSGEBER

© Marco Seitz 2016

Gritzner Kayser

Briver Allee 8

91207 Lauf

www.gritzner-kayser.de

PRODUKTION

Agentur Mastertyping www.mastertyping.com
Hamburg

PROJEKTKOORDINATION & AUTORIN

Annette Hildebrand
Annette.Hildebrand@mastertyping.com
Mastertyping

NÄH-EXPERTIN & AUTORIN

Constanze Metzler
www.nahtundtat.de

LAYOUT & GRAFIK

Sania Haschemi
info@sania-haschemi.de

FOTOS

Kojo Photo
studiophilipkojometz@gmail.com

MODELS

Alicia Enciso de Léon
www.aliciaenciso.com

1. AUFLAGE 2016 LAUF

DANKSAGUNG
WIR DANKEN DEM KREATIVEN TEAM UND ALLEN HELFENDEN HÄNDEN HERZLICH FÜR DIE UNTER-STÜTZUNG.

GOODBYE